十八世紀英國

Eighteenth-Century Britain: A Very Short Introduction

U0118349

Eighteenth-Century Britain:

A Very Short Introduction

十八世紀英國

朗福（Paul Langford）著

劉意青　康勤 譯

OXFORD
UNIVERSITY PRESS

Oxford University Press is a department of the University of Oxford.
It furthers the University's objective of excellence in research, scholarship,
and education by publishing worldwide. Oxford is a registered trade mark of
Oxford University Press in the UK and in certain other countries

Published in Hong Kong by
Oxford University Press (China) Limited
39th Floor, One Kowloon,1 Wang Yuen Street, Kowloon Bay,
Hong Kong

十八世紀英國

朗福（Paul Langford）著

劉意青　康勤 譯

ISBN: 978-0-19-083218-6

1 3 5 7 9 10 8 6 4 2

English text originally published as *Eighteenth-Century Britain: A Very Short Introduction*
by Oxford University Press © Paul Langford 1984

目錄

圖片鳴謝

第一章
革命及其反響

　　1688年革命被稱為「光榮革命」，後人對其歷史重要性一直不斷地進行着重新闡釋，結論褒貶不一。20世紀的評價尤其糟糕，而且按現代史學研究的眼光來看，這場革命的重要性可能就蕩然無存了。深為托馬斯‧麥考利[1]和維多利亞時代輝格黨人所稱道的那場自由和民主精神的決定性勝利已淪為自私的寡頭統治集團所採取的保守的應對舉措。特別是與現代革命相比較，它似乎更像是一場宮廷政變，而非一種真正的社會或政治權力更迭。然而，它卻產生了重要而持久的後果，其影響並不亞於那些更觸目驚心的動亂。即使說它是相對無暴力，可能都有些言過其實。在蘇格蘭，不得不通過武力來鎮壓被廢國王的擁護者，這種鎮壓直到1689年才結束。在愛爾蘭，肯定發生過一場大屠殺，至今其仍在有關愛爾蘭的神話和回憶錄裏佔有突出地位。在倫敦德里的圍困被解除，而且詹姆士

1　托馬斯‧麥考利(Thomas Macaulay, 1800–1859)，19世紀英國著名政治和歷史學家。——譯注，下同

二世在博因河戰役中被徹底擊敗之時，[2] 北愛爾蘭省的新教徒們肯定認為他們所進行的是光榮的拯救，但他們卻不會認為這是一場不流血的革命。

使不合法變得合法化

英格蘭本來很可能發生同樣的情況。前保王黨人尼古拉斯·艾斯特朗奇[3] 曾證實，英格蘭能夠避免一場猶如世紀中葉內戰那般兇殘的戰爭純粹是靠運氣，詹姆士二世的支持者隊伍鬆散混亂，尤其是國王竟然沒能在自己的王國中樹起王室的旗幟。艾斯特朗奇也對其家族不必再為斯圖亞特王朝的復辟做更多犧牲而感到如釋重負，這也許提供了一個啟示，讓我們看到英格蘭的革命是相對平靜的。在英國，一種清晰可見的妥協意識，即懂得從邊緣上退回一步，自1689年1月倫敦議會全體會議的辯論開始一直存續了幾個世紀。

2　除去新教佔據的北愛爾蘭省，整個愛爾蘭都極力支持詹姆士二世。法國的路易十四給他配備了軍隊，他的第一仗就是圍攻倫敦德里，但遭到居民們的堅決抵抗。他們堅持到英國救兵趕到，詹姆士不得不棄城而去。第二年威廉親自率軍到愛爾蘭，在博因河戰役（Battle of the Boyne, 1690）中擊敗了詹姆士。

3　尼古拉斯·艾斯特朗奇（Nicholas L'Estrange）屬羅傑·艾斯特朗奇（1616–1704）為首的家族。羅傑·艾斯特朗奇是資產階級革命時有名的保王黨人，寫了不少政論傳單和冊子，後流亡國外。復辟後他主管過出版和印刷的許可證，以他狹隘的立場阻止了不少宗教和政治上持不同見解的作品的發表。

當時非君主召集的國會會議僅憑通過一項法案這種簡單的權宜之計就搖身變成了正式的兩院制議會，此舉表明了它的一種可以理解的願望：想盡可能遵循1660年王政復辟時採用的程序形式來使明顯不合法的變得合法化。在實質問題上，首要的當然是要達成一種共識，而不是去檢驗雙方中任何一方所提出的那些更為極端的解決辦法。結果，奧蘭治的威廉[4]被立為國王，瑪麗為王后。丹比[5]領導的托利黨人本希望瑪麗成為單獨的君主，或成立某種攝政政府，以此種形式代替詹姆士二世進行統治。但這位信仰新教的英國救星不肯接受任何低於王位的頭銜，所以只能如此。

儘管這樣，議會仍然盡了一切努力來掩飾當時發生的是一場革命。雖然詹姆士那些所謂的違法行為——特別是他依賴一支常備軍和為自己追索回豁免權和中止權——被正式宣佈有罪，但《權利法案》卻想盡招數，偽稱被廢國王其實是自動退位，王位空缺之後英國別無選擇只能尋求奧蘭治王朝的保護。儘管這似乎無法自圓其說，但它足以獲得統治階層絕大多

4　奧蘭治的威廉(William of Orange, 1650–1702)，奧蘭治親王，荷蘭威廉二世之子，英國國王查理一世的外孫。光榮革命前夕他在荷蘭聯合省任最高行政長官。1677年他娶了詹姆士二世的新教徒女兒瑪麗，因此成為英國資產階級挑選的取代詹姆士二世的人選，光榮革命後成為英國國王威廉三世。

5　托馬斯·奧斯本，丹比伯爵(Thomas Osborne，Earl of Danby, 1631–1712)，托利黨人，查理二世時的重臣。他促成了奧蘭治的威廉與詹姆士二世之女瑪麗的婚姻，後與輝格黨妥協，共同迎進奧蘭治的威廉。

數人的支持。當然，有例外是不可避免的。一些教士在坎特伯雷大主教桑克羅夫特[6]和曾在「七主教案」中幫助挫敗詹姆士二世的兩名主教領導下，拒絕宣誓效忠，即使效忠誓言經過了非君主召集的國會會議的慎重措詞。另一些人，如諾丁漢的托利黨人，他們是1681–1687年反抗運動中的宮廷支持者，則竭力想搞清合法國王的概念，即為甚麼國王的頭銜應該這樣由議會兩院決定授予，而不是神授。

議會君主立憲制

然而，議會君主立憲制還是得到了廣泛接受。但此中的深刻意義卻被掩蓋了，這不僅是因為在1689年人們有意想避免教條規定，而且還因為隨後開始了漫長的苦難。被動服從和不抵抗仍是很有影響力的觀念，它有周密的論據支持，強調1688年颳起的「新教之風」（the Protestant Wind）是神意，每個公民都應當與不管何種形式的當局合作而不應屈從無政府主義。這些觀念持續影響一代人的頭腦，給許多曾認為1688年革命是必要的但卻難以承受其全部後果的人所感到的憤怒和絕望提供了一種合理的解釋。此外，他們圍

6　威廉‧桑克羅夫特（William Sancroft, 1617–1693）由於反對加爾文主義，他在清教革命後期一直流亡在外，於1660年復辟後回到英國。1678年任坎特伯雷大主教，並同6名主教一起聯名反對《赦免宣言》。

於18世紀英國國教的正統觀念不能超脫出來，也幫助維護了這種正統觀念背後的獨裁主義，這種獨裁主義後來仍然是美洲和法國革命時代政治意識形態中的一個重要因素。

但是，除此之外，可以說1688年發生的重大變革是真正革命性的。《權利法案》明確廢除了曾構成1660年復辟政體基礎的世襲權，取而代之的是通過議會表達的民意。先是威廉和瑪麗，然後是瑪麗的妹妹安妮，最後，在安妮的兒子格洛斯特公爵於1700年夭亡後，是漢諾威選帝侯（即詹姆士一世女兒的後代），他們的頭銜都是經過有產階級決定後授予的。在當時的西方世界，無論在理論上還是在實際中，專制主義似乎都蒸蒸日上，因此這樣一種變革的重要性不容低估。18和19世紀的輝格黨人誇大了似乎在1689年獲得了勝利的契約論的連貫性和完整性，卻低估了這種理論帶來的緊張、矛盾與衝突。不過，他們將該理論視為一個歷史性的轉折點，斷然擯棄了原來的一整套政體觀念，這從根本上說是正確的。

對外關係

君主地位是1688年革命黨人有意識要解決的問題。不清楚他們當中是否有許多人預見到了其行動給英國與外國間的關係造成的影響。確實，在這方面，

革命的重要性沒有被否定，也是不容否定的。1688年以前，奧利弗·克倫威爾[7]、查理二世和詹姆士二世接連幾任統治者的政策基本上都是親法國和反荷蘭的。1688年以後，法國多少成為了一個長期敵人，而且必然會不斷與英國爭奪海外霸權。衝突的規模也不同於過去。九年戰爭（1688–1697）和西班牙王位繼承戰（1702–1713）使得自伊麗莎白時代與西班牙爭戰以後就不曾再參與戰事的英國既捲入了歐洲大陸戰爭又捲入了殖民地戰爭，而在此期間，作戰技術和戰略的複雜性都大大提高了。

英國人所擔當的角色在這種即使不是不可預測，但至少也出人意料的革命結局中受到了各種因素的影響。就大方針而言，首要的任務是抵抗路易十四在低地國[8]的擴張主義政策，防止形成一個包括西班牙和法國君主政體在內的新的強大波旁帝國。商業的利益曾一度需要保護，以抵制荷蘭的經濟活動，而當時對來自法國的更持久競爭和挑戰則必須採取一種主動出擊的態度。而且特別重要的是，即使不能分享西班牙帝國的一部分領土，也要維護英國分享其貿易份額的權利。輝格黨人把這些論點系統化，以支持其干預主義

7 　奧利弗·克倫威爾（Oliver Cromwell, 1599–1658），英國資產階級革命議會軍首領，革命後的護國公，成為獨裁者。
8 　指荷蘭、比利時和盧森堡。

的外交政策，威廉三世和馬爾伯勒公爵[9]在歐洲大陸進行的戰役便非常清楚地體現了這種干預政策。但如果不是為了王朝問題，上述因素並不能促使許多英國人去同意在這些年中消耗如此龐大的費用和資源。九年戰爭曾被很恰當地稱為英國王位繼承戰。若不是當初認為自己介入了英國事務後邏輯上必然導致英國國內的反法聯盟，威廉很可能就不會於1688年在托爾灣武裝登陸。[10]而事實上，由於路易十四貿然支持詹姆士二世，結果使威廉更有希望獲得來自其新臣民的外交和軍事支持。有一段時間，法國撤回了對詹姆士二世擁戴者的支持，並於1697年與英國達成一種不穩定的和平局面。可四年之後，西班牙王位繼承權受到威脅，歐洲再一次處於戰爭邊緣，這一次又是因為路易十四支持了斯圖亞特王朝，這回是支持詹姆士的兒子老僭君，致使許多本不贊同的英國人也認為應當參與歐洲大陸的戰爭。

這些戰爭最驚人的一個方面是英方軍事行動大獲成功，特別是西班牙王位繼承戰中馬爾伯勒公爵指揮的戰役。不只是王位由新教徒繼承這一點至少在當時得到了切實保證，更引人注目的是，不久前這個國家

9　約翰・丘吉爾，第一代馬爾伯勒公爵(John Churchill, 1st Duke of Marlborough, 1650–1722)，英國將軍和政府要員，歷史上最善戰的軍事將領之一。

10　1688年七位輝格和托利領袖聯名致函奧蘭治的威廉，請他率軍來英國保衛百姓自由。數月後威廉於托爾灣(Torbay)武裝登陸。

在眾人眼中還只不過是法國的一個隨從，而現在卻贏得了新的聲望。馬爾伯勒公爵在布倫海姆和拉米利斯兩地的勝利，更不要說喬治·魯克爵士[11]在直布羅陀以及詹姆斯·斯坦厄普[12]在梅諾卡島的勝利，使英國成為了歐洲大陸政治中的一個主要力量、地中海地區一個有實力的強國以及法國在海外的一個勁敵。這場戰爭後期階段，軍事方面的進展似乎隨國家軍費開支的削減而相應減少，這使得戰爭早期在布倫海姆取得輝煌勝利時所激發的遠大抱負從此消匿，但是在1713年《烏得勒支和約》簽訂時，英國還是獲得了足夠多的籌碼繼續保持其早期軍事勝利的影響，[13]甚至在歐洲製造了一種被法國外交歷史學家稱為「英國霸權」的印象。

國內影響

戰爭造成的國內影響幾乎同樣重要。在那個年代，和平時期軍費每年支出200萬英鎊都會被認為過

11　喬治·魯克爵士(Sir George Rooke, 1650–1709)，海軍司令。他曾參加過英國與荷蘭、法國等國的戰爭。

12　詹姆斯·斯坦厄普(James Stanhope, 1673–1721)，將軍。他在馬爾伯勒公爵手下任過軍職，參加了英國與西班牙的戰爭，後來在政府中擔任財政大臣時協助沃波爾解決國債問題。

13　指 Ultrecht Peace Treaty (1713)。這個條約已經與戰爭的起因無關，因為腓力仍舊繼續做西班牙國王。在11年的戰爭中形勢發生了變化，法國已經被戰爭拖垮，不再是英國的勁敵。條約中牽涉英國的主要內容是法國承認英國的新教國王，英國保有直布羅陀等領地。

高，而這些戰爭的費用幾乎達1.5億英鎊。如此高額的費用必然需要相應提高稅收水平，從而產生了廣泛的政治反響。但事後看來，更有趣的是賬單上一大部分費用，將近三分之一，是靠借貸來支付的。這樣的金額只有在一種活躍和靈活的貨幣市場中才能見到，比如17世紀末期的經濟條件所生成的那種市場。儘管土地價值受到農業衰退的嚴重影響，但貿易在17世紀80年代中仍有極大增長，由此帶來的投資盈餘使經濟受益多年。革命後的政府急需現金，準備以未來幾代納稅人的收入作抵押來使利率具有競爭力，於是提供了前景看好的投資機會。

那些曾倡議並最終促成英格蘭銀行於1694年成立的金融業者基本上並未從事甚麼新活動。只要進行戰爭，政府就不得不依賴商業界的貸款。但這個時期不同的是，由於借款量特別大，因此必須具備政治基礎的支撐。新政權的信譽實際上是以議會名義為基礎的，依賴的是一種明確的默契，即有產階級最終會準備好付賬。[14] 如果政權方面不能相應地認識到它必須與那些有產階級及其代表密切合作，則不可能有這種默契。國債及其所涉及的一切都建立在這種把一個不合法的王朝與金融界以及廣大納稅者聯繫在一起的基本的利益關係上。

---

14 原文 ... depended on without the clear understanding that the propertied classes would ultimately be prepared to foot the bill 可能有印刷錯誤，似乎不應該有without 這個詞。

戰爭一場接着一場，一個十年後又一個十年，債務負擔增加了。一屆屆政府越來越難以避免借款，而那些提高的稅收的主要作用往往只是用來償還債務利息。事後看來，這種方式在當時的歐洲是獨一無二的，其優勢顯而易見。政權的政治安全由此得到了加強，否則這個政權就多少有些不穩固。國家資源在戰爭中也激增，因為這種機制將個人財產匯入了公共開支。當時，種種弊端引起了更多關注。那些聲稱國債實際上能得到償還，國家能夠擺脫破產威脅的托詞越來越無力。百姓歷來對各種稅收，尤其對新形式的稅收沒有好感，他們的焦慮使財政部和歲入調查委員會的工作越來越難做。

　　然而，即使在那時，也有人敏銳地覺察到新制度有一種相當可貴的政治優勢，這來自它對議會，特別是對下議院的影響。因為新的制度下，一切都取決於議會在這個複雜程序中的作用，而議會則很珍惜自己在財政事務中的權利，這是可以理解的。土地稅是保證納稅人承付國債的基本稅收。但出於謹慎，一次投票所定的土地稅額只管一年。海關稅和消費稅批准後雖然可以維持較長時期，但要想延長或更新則需經過極長久的爭論和討價還價。「預算」這個說法第一次使用是在亨利·佩勒姆[15]擔任財政大臣期間（1743-

---

15　亨利·佩勒姆（Henry Pelham, 1696–1754），輝格首相。他執政期間進行了改革，減少了國債。

1754年），它表面上是18世紀中葉的一項成就，但其基本特徵卻可以追溯到光榮革命時期，而且正是1689年的這一成果在此時發揮了無可比擬的作用，最終確保了議會在憲政發展中的核心位置。

在17世紀人們有時可能會認為立法機構有點荒謬並且特別令人惱火，是英國中世紀的遺物，不合理地阻礙了有效的君主制政體，徹底擯棄它反而有利。現在新政體的未來已有保障，自1689年起，議會每年都舉行相當長時間的會議。在這個意義上，光榮革命使老問題有了全新的意義：18世紀政治家想的不是如何取消對議會的需要，或如何壓垮它。相反，他們不得不考慮如何去操縱它。操縱議會的技巧將是喬治時代從事政治活動的關鍵。

教會

17世紀末進行政治革命，不可能不喚醒基督教會革命的希望或幽靈（這兒的提法取決於一個人的立場）。在這一點上，1688年革命之所以重要，可能不只是因為它所實現的，可能還因為它所未能實現的。當時許多人希望徹底修改17世紀60年代的教會決議案。曾經有過確立一種真正具有包容性的國家教會之說，而對於一些不信奉國教的人，特別是長老會教友來

說，與國教和解的可能性似乎比1604年漢普頓宮會議[16]以來的任何時候都更大。

但結果他們的希望破碎了。正如1662年的情形那樣，英國國教會的地主勢力不允許削弱國教的等級和主教制結構。這一次雖然沒有激起勞德派[17]或高教會派那樣的反應，但是任何與不信奉國教者誠懇和解的跡象很快就被消滅了。相反，在當時事態下，不信奉國教者所得到的少得不能再少，即一種勉強的寬容。1689年的《寬容法》（*The Toleration Act*）實際上允許不信奉國教的新教徒在英國國教主教特許的教區內自由信教，但他們必須遵守得到《教會統一條例》（*The Act of Uniformity*）承認的、《三十九條信綱》（*Thirty-nine Articles*）中所規定的教義規範。這似乎還遠不如詹姆士二世為各類非國教徒所展示的前景。

由於這個原因，人們向來都貶低《寬容法》的重要意義。對於曾抵制住《赦免宣言》（*Declarations of*

16 漢普頓宮會議(The Hampton Court Conference)是查理一世下令召開的。當時清教勢力遍及全英國，他們激烈反對英國聖公會，認為它是與羅馬天主教妥協的產物，並發動了約千名教會人員簽名抗議國教會的一些儀式。但漢普頓宮會議並沒有完成國王設想的調和任務，雙方憤怒地互相指責，以致會議破裂。但是這個會議決定了編譯權威英文《聖經》。這就是後來出版的欽定本《聖經》。

17 勞德(William Laud, 1573-1645)，坎特伯雷大主教，是查理一世的心腹和堅定支持者。他對非國教信仰者深惡痛絕，採取極端舉措，並因為干涉蘇格蘭長老會而引發那裏的叛亂。他在清教革命後遭監禁，而後被斬首。

Indulgence)的誘惑並歡迎過奧蘭治的威廉的人來說，以條件限定他們的信仰，准予他們一種有條件的自由這種獎賞似乎太可憐了。[18] 但這種看法很大程度上取決於立場。

對於在17世紀80年代初還遭到過殘酷迫害的非國教徒來說，《寬容法》提供了一種前所未有的法定保障。而在那些焦慮的教會人士眼中，更重要的是維持《王政復辟決議案》（*The Restoration Settlement*）的內容。1662年的《祈禱書》（*The Prayer Book*）直到20世紀一直是英國國教禮拜儀式的依據。但是在1689年，《祈禱書》似乎為教義提供了一個可以比較隨意講解的平臺，如果沒有它，已確立的新教恐怕就會失傳。[19]

自相矛盾的是，由此形成的英國國教的獨霸地位卻對18世紀英國被視為野蠻世界中的一個文明社會的聲譽貢獻甚大。一個除了很少幾個教派和天主教之外幾乎無所不容的包容性國教畢竟和一種與大量非國教徒並存的限制嚴格的宗教機構完全不同。其中的差異

18　《赦免宣言》是詹姆士二世為了籠絡非國教信徒以反抗議會而於1687年制定頒佈的，給予了非國教信徒信仰自由，但他們仍然拒絕支持他。奧蘭治的威廉和瑪麗登基後不久《寬容法》出臺，准許非國教信徒有信仰自由，但有很多限制，如不得擔任任何職務。相比之下，《寬容法》在平等對待非國教信徒方面甚至還不如《赦免宣言》。

19　《祈禱書》全稱 *The Book of Common Prayer*，最早由托馬斯·克蘭麥（Thomas Cranmer）編寫，於1549年問世。在瑪麗女王統治期間被禁止。復辟之後它被宣佈為唯一合法的教堂禮拜用書。它幾經修訂，最後的大修訂是在1662年。

也許就是社會的寬容和多元化。從法律上認可信仰自由是歐洲大多數國家遠遠做不到的，伏爾泰[20]將之視為自由政體形成過程中的一個關鍵要素。如果是這樣，這在很大程度上是革命的結果。這些成就的一個代價就是社會局勢緊張和政治矛盾重重，它們成為奧古斯都時代[21]的突出特點。最明顯的緊張跡象實際上是宗教機構的困境。這個時期最強烈的呼聲就是「教會陷入危難」。事後來看，似乎說不準它當時是否真的陷於危機。對於那些曾夢想復興勞德教會的人來說，《寬容法》顯然是個沉重打擊。但在日益高漲的不拘泥於教義的自由主義理論和情感影響下，似乎多數人都覺得這個法案無關緊要。而且，《革命決議案》（*The Revolution Settlement*）[22]沒有觸動英國國教徒根據《宗教考查法》（*The Test Act*）和《市鎮社團法》（*The Corporation Act*）所享有的政治壟斷權。[23]但是，癥結就出在這裏。在現實中，一切跡象都表明非國教徒

---

20 伏爾泰（Voltaire, 1694–1778），法國著名文人，既是小說家、戲劇家、詩人，又是歷史學家和文學評論家。

21 這是對安妮女王統治時期的一種比喻稱呼。

22 《革命決議案》指1688年光榮革命之後形成的規定，其中的一部分，即《革命法》（*The Act of Revolution*），規定詹姆士二世的非國教信徒的後代不准繼位。

23 1661年通過的《市鎮社團法》要求所有的市鎮團體必須清除那些不肯按照英國國教會儀式領聖餐的成員，並要求每個成員公開宣佈自己認為不得用武力反對國王，那是非法行為。1673年頒佈的《宗教考查法》禁止羅馬天主教徒、非國教信徒和猶太教徒擔任政府和軍隊的官職。這樣，實際上所有官員都只能由英國國教教徒擔任了。

圖1 教會陷入危難。這是1711年的一個扇面圖案，頌揚了神父薩謝弗雷
　　爾，畫中還有在審判中支持他的6名主教以及其他英國國教英雄，
　　包括瑪麗時代的殉教者。畫面左邊是受到女王和上帝保護的英國國
　　教。右邊展示了共和主義和天主教會的威脅。

能夠挑戰和規避這種壟斷權。許多非國教徒願意偶爾
遵奉國教會，每年按照國教禮拜儀式領聖餐，以滿足
法規要求，至於其餘的儀式則在其自己的非國教徒禮
拜堂中進行，這一直令他們的敵人很惱怒。偶爾遵奉
國教的這種做法是否是在這個時期出現的不能肯定。
但它此時毫無疑問更加明顯了，因為非國教禮拜堂已
得到公眾認可，而且此時那些去做禮拜的人遵從了雙
重標準是人人都清楚的。

　　此外，17世紀90年代和18世紀頭10年的大環境惹
得國教教徒們焦慮不安，甚至歇斯底里。神學推測和
自然神論趨勢得到大量討論並令人感到十分畏懼。約
翰·托蘭德[24]所著的《基督教並不神秘》是企圖推廣

24　約翰·托蘭德(John Toland, 1670–1722)，英國自然神論者。

「自然神論」用以反對「天啟」宗教的最早和最系統的嘗試之一，它在1697年時掀起了一連串關於這類問題的爭論。其中一些最尖銳的國教攻擊者本身就是英國國教的牧師，這就讓局面更加嚴峻。輝格黨的懷疑論者塞繆爾‧克拉克[25] 1712年時由於攻擊三位一體論而招致了聖公會主教區會議的公憤；本傑明‧賀德利[26] 雖連續三次擔任主教，但卻否認其職務以及英國國教本身的神性。他們只是異端思想的較為突出的一些例子，這種思想似乎標誌着英國早期啟蒙運動的發展。

政黨政治

高教會派對這些趨勢的反應在安妮女王時代達到巔峰，有這麼一個虔誠而且信仰上保守的女王在位更使他們有了動力。但是其動力更多是源於其他事態的發展，其中許多都與政黨政治有關。托利黨人經常將自己稱作「教會黨」，他們的號召力要極大地依賴國教會中的危機感。他們還廣泛地爭取邊遠地區的國教會地主勢力在情感上的支持。對於這些地主來說，革命所開啟的世界除了壞處甚麼也沒帶來。這個時期的

---

25 塞繆爾‧克拉克(Samuel Clarke, 1675–1729)，英國有神論哲學家。他歡迎科學，但用第一原因論來證明上帝是一切的最終起因。

26 本傑明‧賀德利(Benjamin Hoadly, 1676–1761)，主教，低教會派的領袖。

一系列戰爭迫使直接徵稅達到了17世紀50年代以來的最高水平。每鎊四先令的土地稅對於當時已經遭受農業衰退影響的階層而言是一個沉重負擔。這些奉獻都是為了戰爭，但戰爭卻似乎恰恰是要讓土地貴族的敵人獲益，即那些在斯圖亞特王朝末期的商業和金融擴張中十分活躍的商人、製造商，尤其是「金融業者」。這些人似乎往往是非國教徒，除了間接稅以外他們幾乎逃避了所有稅收，而且始終如一地堅持輝格黨的政治主張。

新舊政黨體制之間的聯繫有時很薄弱。安妮統治時期的新托利黨人常來自有清教或輝格黨背景的家庭；他們的領袖羅伯特·哈利[27]自己就是其中之一。另一方面，輝格集團鐵定心思爭奪地位和權力，結果落了個不討好的「黨派先於原則」的名聲，他們似乎不是1679年的鄉村輝格黨[28]的後人。但是，毫無疑問，18世紀初黨派派性確實非常鮮明，並在1710年時達到高潮，輝格黨人因為托利黨神父薩謝弗雷爾博士[29]

---

27 羅伯特·哈利(Robert Harley, 1661–1724)曾是輝格議員，後倒戈加入托利黨。1714年他就任安妮女王的財政大臣，領導內閣。他是托利黨和英國國教領袖，安妮女王的寵臣之一。

28 查理二世復辟後英國政界和宗教界出現了越來越明顯的兩派，其中一派叫做「鄉村派」，受到保王的「宮廷派」排擠。輝格和托利兩黨就在此基礎上發展起來。

29 亨利·薩謝弗雷爾(Henry Sacheverell, 1674?–1724)的主要冒犯是在1709年的兩次佈道中攻擊輝格黨政府對非國教信徒太容忍。他被起訴犯有誹謗罪，在1710年被判停止佈道三年。他的審判引發了軒然大波，使薩謝弗雷爾成為公眾英雄。

宣揚不抵抗的舊教條而控告他。隨後在民眾中引起了軒然大波，這清楚表明了光榮革命附帶了政治不穩定的潛在因素。

1694年通過的《三年法案》（*The Triennial Act*）主要目的是為了迫使君王定期召集議會，但後來證明這是不必要的。不過，它還規定要經常進行選舉，致使這段時期內選舉矛盾無比緊張並且持續不斷，遠勝過了以往，以至在20年中進行了10次大選。此外，1695年《許可證法案》（*Licensing Act*）[30]失效，從實際上廢除了國家審查制度，從而切實地為公眾辯論提供了一個寬泛且不斷擴大的論壇。因此，這些年中發生了一些關鍵的事件，比如建立格拉布街[31]，出現期刊印刷，以及發展形成了一批真正關心政治的民眾等，並非偶然。

歷史學家一般將安妮統治時期視為實現政治穩定的天然的背景環境。但當時人們從所見到和瞭解的情況來看，似乎建立君主立憲制和實現財政安全的代價就是政治混亂。

---

30 《許可證法案》實際是新聞和輿論檢查和管制的一個手段，比如1737年議會通過的《許可證法案》就取締了菲爾丁的劇團，因為他的喜劇嘲笑了國王和政府。

31 格拉布街（Grub Street）位於倫敦中心商業區，是窮苦文人聚居的街道，在18世紀成為輿論中心。

第二章
羅賓[1] 政府的興起

1714年漢諾威選帝侯即位，使已經緊張的局面雪上加霜。安妮在世時，即使不從邏輯上，起碼從感情上說，還可以把她視為斯圖亞特家族的真正後人，守住了其家族的王位，或從某種意義上說是為其家族託管着王位。但是，一個講德語的漢諾威選帝侯到來後，堅決要干預國外事務並在國內大行輝格黨之道，於是上述表象就很難再維持。從朝代的立場來說，在1714年有關王位的一切都沒有定數。許多人慫恿老僭君回倫敦，勸他說為此值得放棄天主教彌撒；如果詹姆士三世能回歸英國國教，肯定會為斯圖亞特王朝第二次復辟創造更多的機會。但是詹姆士三世沒有做出這種個人犧牲，所以1715年的詹姆士二世黨人謀反就成了沒有響聲的濕爆竹。路易十四也死於這一年，之後，法國無力再參與在英國的冒險。即使在蘇格蘭，雖然那裏是叛亂的發源地也確是叛亂中心，斯圖亞特王朝的前景也不那麼光明燦爛。1708年在一種相當緊迫的氣氛中英格蘭與蘇格蘭完成了聯合，成為大不列

1　羅賓是羅伯特・沃波爾的昵稱。

顛王國，大大緩解了王位繼承問題帶來的麻煩。令許多蘇格蘭人感到悲哀的是，他們失去了自己民族的議會，也由此喪失了他們的獨立。但是建立聯合王國之舉甚是精明，一方面可以維持蘇格蘭的法律和基督教機制，而同時又通過將其納入英帝國體系為蘇格蘭提供了實際的商業利益。在這種形勢下，1715年謀反的失敗無論從哪一點來看都是註定難免的結果。如果說老僭君錯過了他的機會，那麼從另一個意義上說，他那顯然成功了的對手喬治一世其實也錯過了機會。

新政權

到安妮女王統治末期，老百姓厭惡戰爭，選舉人疾呼「英國教會陷入危難」，尤其是女王自己也對輝格黨集團感到惱火，這些都將托利黨穩穩地置於駕馭地位。對於大多數托利黨人來說，英國國教的利益優先於對斯圖亞特王朝的忠誠。如果新政權能明智地採取一種與1689年威廉三世的策略類似的兩黨政策，本可能起到較大緩解作用，使1714年的過渡順利進行。然而，喬治一世並沒有這麼做，相反，他太露骨地表明要讓輝格黨人獨攬漢諾威王位繼承的相關事務。[2]

2　為了感謝幫助他登基的輝格黨，喬治一世登基後解散了托利政府，起用輝格黨組閣。輝格黨當權後馬上開始彈劾前托利內閣成員，黨派爭鬥變得激烈起來。

1714-1721年間掀起了一場旨在確立輝格黨統治地位的運動，全面疏遠了托利黨人，不必要地加劇了詹姆士二世黨人謀反的危險，並很有可能導致重擬《革命決議案》。

首先通過了《七年法案》（*The Septennial Act*）[3]，以確保新的輝格黨政府在完成其大部分工作之前不會去面對無法駕馭的選民。據當時謠傳，輝格政府到時候將取消對議會期限的所有法定制約，從而可能使「長議會」[4]或「退休金領養者議會」[5]再現。同時，安妮女王統治時期托利黨人為約束非國教信仰而採取的《偶爾遵奉國教法》（*The Occasional Conformity*）[6]和《分裂法》（*The Schism Acts*）等措施也先被叫停，後於1718年被徹底廢除。《大學法案》（*The Universities Bill*）的制定是為了讓國王能完全控制牛津和劍橋的獎研金和

3　輝格黨政府為了保證繼續執政，就立了這個法，廢掉了原有的《三年法案》，把當時的議會任期延長為七年。

4　「長議會」指資產階級革命前夕查理一世在解散了1640年成立的議會後，出於對蘇格蘭開戰的募款需要又於同年召集的議會。被查理解散的壽命不到一年的議會叫「短議會」，而後召集的這個議會持續到1653年，因此得名「長議會」。

5　「退休金領養者議會」指查理二世復辟後解散了「特別議會」，於1661年召開了新一屆議會，其議員大多是保王黨分子，很多都上了年紀，或者是退伍軍人，因此得名「騎士議會」，又稱「退休金領養者議會」。

6　安妮女王時第一屆托利議會的下議院提出了《偶爾遵奉國教法》，為的是應對《宗教考查法》，給非國教信仰者提供遵從雙重標準的可乘之機。

獎學金，以便將主要培育英國教會及各種職業所需人才的院校變成輝格黨人的獨霸領域。尤其是1719年的《貴族法案》(*The Peerage Bill*)打算將貴族院(即上議院)大致限制在其現有規模。這將確保輝格黨在上議院中的永久霸權，不管君王是否會改變主意，而且還將使輝格黨人能夠對影響其利益的法律進行內部核查。通過這個方案，他們開始在郡治安長官和治安官員中，在武裝部隊中，以及在政府各級行政機構中有計劃地穩步清除托利黨人。

如果這項宏偉的計劃能夠大獲全勝，就會創建一種與當時瑞典形成的體制很類似的制度，不過瑞典的這種體制致使該國50年虛弱無力，並充滿了貴族間的黨派之爭。或者也可能確立一種寡頭政治，像曾令17世紀英國幾代人畏懼的絕對君主專制政體一樣權力無限。再或者，它可能會使18世紀幾乎無法實現其最有代表性的成就之一，即形成穩定而靈活的政治結構。然而，這項計劃最終失敗了，很大程度上是因為輝格黨人內部產生了分歧。喬治一世統治初期，一些輝格黨大家族聯合起來打垮其對手，他們的計劃當時進展順利。但事實證明這種聯合都不長久。

新國王的對外政策造成了嚴重的緊張局面，他明目張膽地動用英國海軍力量來滿足漢諾威在波羅的海的野心。而且，內閣中爭奪優勢地位的鬥爭也日益

激烈。最終，輝格黨於1717年分裂，使沃波爾[7]和湯森[8]成為在野反對派，而斯坦厄普和森德蘭[9]在宮廷的位置變得比以往任何時候都更牢固。宮廷政治也發生劇變。國王的兒子，未來的喬治二世及其妻子卡羅琳公主明確表示願意站在湯森一邊，由此開始了漢諾威王位繼承人搞政治陰謀的長久傳統。在這種情況下，斯坦厄普建立輝格主義之樂土的宏偉計劃幾乎無望完成。在下議院，沃波爾親自領導擊敗了《貴族法案》，並迫使議院廢棄了《大學法案》。如果說此時內閣還對其計劃不會徹底失敗抱有一線希望的話，那麼這種希望在南海泡沫事件之後就很快破滅了。

南海泡沫事件

事後來看，南海泡沫事件以及隨之發生的金融大崩潰有某種必然性，它似乎是此前幾年中伴隨「金融行業」興起而極度膨脹的重商主義的必然結果。然

7　羅伯特・沃波爾(Robert Walpole, 1676–1745)，諾福克郡世襲輝格大家族之子，在安妮女王時就擔任議員和政府官員，到喬治二世時期他的政治生涯達到頂峰。

8　查爾斯・湯森(Charles Townshend, 1675–1738)，政界人士。安妮女王時他曾參與英格蘭與蘇格蘭成立聯合王國的協商，1715年鎮壓了詹姆士二世黨人叛亂，並帶頭迫害失利的托利黨人，與沃波爾長期合作。

9　查爾斯・斯潘塞・森德蘭(Charles Spencer Sunderland, 1674–1722)，政界人士。他是輝格黨主將，1708–1710年間主持黨務。1710年輝格失利，他也隨之倒臺。但1718–1721年間，在喬治一世治下他又回到政府並任要職。

而，導致這場動盪的計劃方案最初還是不錯的。英格蘭銀行代表的金融利益集團在戰爭期間從其投資中獲得了豐厚的利潤，而且國家債權人之間的競爭顯然還存在更大空間。安妮女王統治時期的托利黨大臣們確實鼓勵於1711年成立南海公司，想要以此有效地替代輝格黨的銀行。而且，幾乎可以肯定資金是有的，不只是倫敦商業中心區有，小規模儲蓄者那裏通常也有，可以對國債進行更長期和更合理的投資。1719年的南海公司計劃似乎籌劃得很好，一方面要重新分配國債，另一方面要為國家財政部提供更優厚的條件。麻煩不是出在計劃的基本邏輯上，而是出在它所涉及的眾多不同利益集團上。對於南海公司的董事，尤其是發起這一計劃的核心集團而言，不只要為自己，而且要為許多朝臣、內閣成員和下院議員謀取厚利，因為這些人的支持在政治上至關重要，可以保證他們的提案獲得通過。這種支持是通過提供價格優惠的股票，甚或通過公開賄賂、贈予股票這樣的代價換來的。簡言之，參與經營南海計劃的許多人的強烈興趣都在於迅速獲利，而迅速獲利的唯一途徑是提高公司的潛力，使之遠遠超越與其競爭的其他投資機會。

這一計劃的實行仰仗該公司南海貿易的吸引力。1713年的《英西條約》使該公司得以壟斷西班牙奴隸貿易並在西屬美洲殖民地的歐洲產品市場中佔有重要份額。理論上，這預示了一個最有希望的前景。但實

際上，要管理這種離倫敦如此遙遠的貿易困難極大，而且英國與西班牙政府之間的矛盾常常很激烈，根本無助於解決這些困難。在短期內，貿易不太可能獲利，即使經過一段時間，恐怕也很難達到1719年時那些異想天開的人所期望的那樣。但是在1720年初盛行的瘋狂投機買賣中，這些現實很快便被遺忘。只要股票價格上升，新投機者便不斷受到蠱惑去投資，使那些已經買入者能以相當可觀的利潤拋出他們所持有的股票。資金不斷流入成為發行新股的正當理由，也使宣稱投資能夠持久獲利的聲音益發理直氣壯，更不用說給政客們帶來了更豐厚的報償。這種局面是由一個腐敗的政權、一群天真的投資民眾和一筆既成事實的國債共同造就的。於是不可避免的事情發生了。

南海的泡沫一步步增大，同時促使更多騙人的泡沫在一些令人更難以置信的項目中出現。當最終信心嚴重缺失，並且泡沫破裂以後，所出現的後果是災難性的，尤其是對那些賣掉了大量地產或其他形式的財產去以荒唐的虛高價格買進股票的人而言損失更是慘重。幾乎沒法對這些受害者作任何補償，他們絕不只來自最富有的階層。議會快速通過了一項條例，嚴格限制此後的合股公司，但這實際上是亡羊補牢的做法。必須採取更激烈的行動才能盡量減少對政權的危害。國王和威爾士親王公開言和，在野輝格黨被迎回重掌職權，湯森開始爭取國王情婦肯德爾公爵夫人的

親善，而沃波爾則設法讓下議院通過了一項解決泡沫危機的辦法，這樣至少能保護國債並挽回朝廷的臉面。沃波爾因此得了一個「庇護」高官腐敗和欺詐行為的永久名聲。其實沃波爾從某種意義上說是受到了當時極其嚴峻局勢的助推。牽連進1720年骯髒交易的也有許多是托利黨人，他們並不比其輝格黨對手更願意公開曝光。而且，南海泡沫事件是一場國際性危機的一部分，這場危機在巴黎和阿姆斯特丹都引起了程度相當的災難；因此將一部分罪責歸咎於一些與倫敦商業中心區或朝廷中的個人皆無關係的客觀經濟力量也並非全無道理。不管怎樣，國王的內閣大臣們，除兩三個適當的替罪羊外，都獲准逍遙法外。對沃波爾來說，這一切都代表了一項重大的政治勝利，最終以幸運地消滅了對手而告捷。兩年內，斯坦厄普和森德蘭相繼去世，英國即將步入一個由沃波爾獨掌大權的新時期，或如其反對者所說的，「羅賓政府」(Robinocracy)時期。

疾病和死亡

當然不能指望當時的人能夠預見到後來的相對穩定局面。18世紀20年代多災多難，尤其是在最基本的人類健康和生存方面。20年代一開始，不只是發生了南海泡沫事件，而且還瀰漫着對鼠疫降臨的恐懼，

該疾病當時正在法國南部肆虐，隨時可能從馬賽經海運航線傳播到倫敦。但結果證明這種恐慌是沒有道理的。自大約400年前黑死病第一次暴發以來便定期蹂躪歐洲大部分地區的病菌，此時即使沒有滅絕也正趨於休眠狀態。但這種趨勢在當時並不容易看出來。而且不管怎麼說，還有非外境傳入的、本土滋生的疾病仍在繼續固執地左右着人們的生死。

18世紀20年代末期，這方面的情況尤其悲慘。喬治二世統治的頭三年，從1727年開始，英國連續三年一波又一波地遭到天花和類似流感感染的折磨，當時眾說紛紜，人們很不準確地把這種感染描述成發冷和發熱病。人口統計顯示其後果是極嚴重的。17世紀70年代起一點點緩慢增加的人口，在這場顯然是16世紀80年代以來最嚴重的死亡危機中似乎多半都被吞噬掉了。到1731年時，英國總人口約為520萬，很可能比17世紀50年代中期克倫威爾統治時的英國人口還要少。

腐敗和犯罪

這個時期流行的疾患不只是生理意義上的。南海泡沫事件所凸現的貪婪、欺詐和瘋狂也在蔓延，它們被報刊和佈道者指斥為隨後幾年中最主要的罪惡。如果說生活奢侈和浪費是原因，那麼道德淪喪和腐化墮落則是後果。

當時將公共生活搞得烏煙瘴氣的一些重大醜聞似乎可以為此提供觸目驚心的證據。一系列議會調查揭露了高官中普遍存在的腐敗現象。調查發現，德文特湖地產託管人曾縱容以人為的低價格將沒收來的詹姆士二世黨人的財產出售給他們自己人。慈善團體的職責本是為窮人提供就業機會和幫助，但其經管人和行政人員卻營私舞弊、挪用甚至公然侵吞錢財而被判罪。這兩起案例都牽涉到地位顯赫的下院議員和政府支持者。而更轟動一時的是大法官麥克萊斯菲爾德伯爵[10]因組織出售法官職位而遭到控告。當發現這個蒸蒸日上的商業法部門的經費竟來自委託大法官法庭管理的私人財產獲取的收益時，就連其內閣同僚也拒絕替他辯護。居然連衡平法的護衛者們都這樣以身試法，當場被抓，這在當時那個極其尊重財產權的年代似乎特別令人震驚。

　　此外，公開的犯罪行為可能一點也不亞於私下犯罪。犯罪雖是反映社會情況的一面哈哈鏡，但仍然是一面鏡子。它似乎越來越有組織、越來越商業化，並越來越玩世不恭。小偷團夥頭目喬納森·懷爾德就是其時代的一個恰當代表。他主要靠指使自己的手下去偷盜，然後再將盜來之物歸還其所有者來牟利。他的

10　麥克萊斯菲爾德伯爵（Thomas Parker, 1st Earl of Macclesfield, 1666–1732）的名字是托馬斯·帕克。他於1725年被判罪，送進了倫敦塔，後通過付 30,000英鎊贖金被釋放。

成功依賴的是治安官們與他們在大都市的警官之間的狼狽為奸。他的團夥只是日益興旺的犯罪經濟中發展出的一支。皇家狩獵場的偷獵者往往是有組織、有秩序地向倫敦市場供貨的團夥。南部和東部海岸的走私者會遵照市場原則和經濟準則行事，他們也頻頻得到官員和廣大民眾的配合。

當局幾乎是竭盡全力來對抗這些威脅。依據一條法律細則，懷爾德最終被繩之以法，於1725年被處決，他也因此成為一個大眾傳說人物。溫莎皇家狩獵場以及其他狩獵場的偷獵者成為了新法律，即嚴厲的1723年《黑色法案》制裁的對象。他們不得不一直等到20世紀才獲得民間英雄的身份，而這也是因為歷史學家們要將他們作為一種大眾文化的真正代表才給予了他們這種身份。至於走私犯，政府越是要奮力查禁他們，他們似乎還越發猖獗起來。18世紀30年代走私犯最為活躍，他們甚至能夠與喬治二世的騎兵隊展開激戰，義無反顧地為消費社會效勞。

諷刺與辯論

諷刺與辯論是漢諾威王朝初期出現在英國的現象。談到這方面，最好不要把南海泡沫事件看成英國光榮革命之後的大結局，而應看成是18世紀中期繁榮、庸俗和重商主義的一個壯觀開場。這種戲劇比喻

在此特別恰當，因為這個時期在表演藝術史中具有特殊的意義。18世紀20和30年代，倫敦劇院數量顯著增加，而且其政治作用日益加強。在朝廷採取行動於1737年獲得廣泛的審查權力之前，[11] 倫敦的劇院以及報刊一直充當論壇，掀起一場愈來愈激烈的批評運動，矛頭直指泡沫事件期間和之後新興的那個社會。

最能體現這種批評力度的是1728年獲得巨大成功的約翰‧蓋伊[12] 的《乞丐的歌劇》。雖然不能肯定該歌劇是否真的意在進行政治諷刺，但很說明問題的是當時的輿論氛圍立刻認為它是這樣一部作品。蓋伊反映的就是當時人們普遍憂慮的問題，即英國社會製造出的錯覺和虛假幻覺。它很明顯地將喬治二世的宮廷描述成小偷的廚房，將統治階級的道德觀與倫敦黑社會的道德觀等同起來。菲爾丁[13] 後來又更進一步，毫不留情地把喬納森‧懷爾德與羅伯特‧沃波爾作比較。在蒲柏[14] 的《群

11　這裏指的就是1737年通過的《許可證法案》(*The Licensing Act*)。菲爾丁的劇團就因此解散。參見前注。

12　約翰‧蓋伊(John Gay, 1685–1732)，作家，蒲柏和斯威夫特的好友，著有詩歌、寓言等，但最知名的作品就是《乞丐的歌劇》(*The Beggar's Opera*)。

13　亨利‧菲爾丁(Henry Fielding, 1707–1754)，著名小說家，著有《約瑟夫‧安德魯斯傳》、《棄兒湯姆‧瓊斯傳》等小說。這裏提到的把喬納森‧懷爾德與羅伯特‧沃波爾作比較是他的小說《大偉人江奈生‧魏爾德傳》(*The Life and Death of Jonathan Wild the Great*, 1743)。

14　亞歷山大‧蒲柏(Alexander Pope, 1688–1744)，詩人，18世紀英國新古典主義詩歌的代表人物。他在英雄雙韻體詩歌創作方面成就斐然，達到了這類詩歌的頂峰。

愚史詩》、斯威夫特[15] 的《格利佛遊記》，以及博林布魯克[16] 的《手藝人》中也都有非常相似的主題，所有這些都是令人矚目的十年辯論和諷刺的產物。其中許多東西是人們所熟悉的，比如退回到古典主義中去，呼籲鄉村價值觀念，展現鄉村田園生活的魅力，尤其是對18世紀初期的重商主義造就的那所謂人造金錢世界進行不懈的批判。在這些方面，的確可以說沃波爾時代文學和新聞中的謾罵是這股奔流了多年的潮流的最後一次噴湧。但是，這種批評在啟示未來方面，或正面地積極地分析其他可能性方面，顯然存在着欠缺。

沃波爾的發跡

當蓋伊的觀眾們在麥基斯身上窺到沃波爾政治的實質後，他們就抓住了這個時期形勢中最重要的一個方面，也就是漢諾威政權的政治特性與當時認為的社會弊端之間有着密切聯繫，即使這種聯繫還沒有穩固

15　喬納森·斯威夫特(Jonathan Swift, 1667–1745)，諷刺散文大師和小說家，著有不少政論性散文。他最知名的作品是《格利佛遊記》（*Gulliver's Travels*, 1726）。

16　亨利·聖約翰·博林布魯克(Henry St. John Bolingbroke, 1678–1751)，子爵，下議院議員。《手藝人》（*The Craftsman*）是1726年由尼古拉斯·阿默斯特(Nicholas Amhurst)創辦的一份雜誌。博林布魯克從1730年5月至1731年負責編寫該雜誌的「英國歷史評論」(Remarks upon the History of England)欄目，還於1733年發表了名為《論黨派》(Dissertation upon Parties)的文章。

確立，至少已可為人們所見。除個別的例外(特別是漫畫家威廉・賀加斯[17]，他將大部分精力用於譏諷禮儀和品行)，倫敦的知識分子和藝術精英們都不約而同地將沃波爾作為自己作品中主要的惡人。他的典型形象是一個諾福克的暴發祿蟲，靠着一貫腐敗致富(1712年時，他曾因在公務上侵吞公款遭到托利黨人的起訴)，因為不講原則和屈從於朝廷觀點而得以升遷，掌握最高權力。1727年以前，其內兄湯森分享着他的權力並與他一樣不得人心。但是，喬治一世死後，新國王的即位將沃波爾徹底置於眾目睽睽之下。沃波爾機敏地操縱喬治二世，尤其是卡羅琳王后，排擠所有與他爭奪權力的對手，就連湯森也在1730年時被排擠出局。由此，他很快便獨攬大權，這恐怕是自17世紀70年代丹比執政以來從未有過的。而國王本身不得人心肯定也助長了這種局面，國王毫不掩飾自己對德國環境和隨從的偏愛，而且根本不想提高自己在英國公眾心目中的聲望。

沃波爾的霸權必然使他本人成為格拉布街的眾矢之的。他被描繪成「大偉人」、「英國大人物」、「人山」[18]。他有時也以製造幻覺政治的完美代表——諾福克的騙子、薩沃伊的表演者[19]、魔術師帕

---

17 威廉・賀加斯(William Hogarth, 1697–1764)，畫家和雕刻家。他在19世紀得到的評價比18世紀更高。

18 「人山」(the Man Mountain)是斯威夫特寓言小說《格利佛遊記》第一卷中小人國上下對格利佛的稱呼。

19 薩沃伊(Savoy)是倫敦一個劇場的名字。

里努儒斯[20]、巫師墨林[21]、總庇護人等面目出現。無數攻擊文字和出版物中都將他描繪成一個名副其實的政治魔術師,對喜怒無常的喬治二世的把持和對原本難以收服的議會的控制正是他高超技藝的體現。

沃波爾在當時及之後的成功被歸結於他巧妙地利用了影響力甚至賄賂。與前幾年政治混亂的狀況不同,穩定似乎成了這一時期的顯著特徵。照此觀點,這種穩定可以被視作是各種對這屆政府有利的因素自然累積的結果。由於戰爭,特別是由於新財政系統的運轉所需龐大機構的出現,政府得到了擴充,由此產生了大量支持和贊助政府的新的庇護人關係。此外,由於革命後政府絕對需要在下議院獲得足夠的多數,這更是有力地刺激了其利用這些關係來操縱議會的做法。於是便出現了一派更加龐大、更聽話的朝廷和財政部門人員,來彌合國王與下議院之間由來已久的隔閡,並逐步開創一個行政部門與立法部門和睦相處的新時代。

這種觀點很有意思,但並非它的所有前提都可靠,而它所有的結論也並非全是必然的。沃波爾的管理之術遠算不上新奇。至少從查理二世起便接連有內閣大臣用這些方法來確保下議院中有相當數量的朝廷派。為私利而任命官吏和追逐名利,更不用說普遍存在的腐敗事實,一直是安妮及其後繼者統治時代的顯

20　帕里努儒斯(Palinurus),希臘羅馬神話中的人物,他的故事見維吉爾的《埃涅阿斯記》。

21　墨林(Merlin)是《亞瑟王傳奇》中的巫師和魔術師。

著特徵。從某些方面說，沃波爾內閣時期的和平年月確實減少了可利用的庇護關係的數量。沃波爾及其得力的後繼者亨利·佩勒姆的確是機敏過人，禦局有術，兩人都把朝廷派變成了一種特別有效的控制工具。但是要建立喬治王朝時期英國那種正統的議會體制，單靠庇護人制度是不夠的。

這並非要否定沃波爾無與倫比的個人才能。作為一名朝臣他的確是個蓋世奇才。他對王后和國王的操縱(對後者的操縱一部分是通過王后來實現的)確是將諂媚奉承和威逼利誘發揮到了極致，這在赫維勳爵[22]的回憶錄中有精彩描述。赫維勳爵曾與卡羅琳王后關係親密，所以有大量機會目睹沃波爾的種種手段。朝臣能左右逢源並不新鮮。更令人驚歎的是他富於才智，善用權謀，且能收放自如，沃波爾憑着這種能力同樣遊刃有餘地操縱着下院議員們。

在這方面，沃波爾身為首相仍決定留在下議院的決定起了相當關鍵的作用。以前的大臣歷來都去上議院，但沃波爾卻打定主意要留在能夠最終控制政府財政大權的下議院。作為辯論家，他雖有些生硬(這不一定是個缺點)，但卻很有技巧且極有說服力。作為調解人，他特別能夠探明並執行具有代表性的鄉紳的

---

22 約翰·赫維(John Hervey, 1696–1743)，政客和作家，著有《喬治二世王朝回憶錄》(*Memoirs of the Reign of George II*)，對後世認識18世紀具有重要意義。

意見。但最重要的是他的政策，確與其輝格黨老同僚的派性做法大不相同。他不想加深舊恨，這在他對待教會的方式中表現得尤其突出。借助《免罪法》（The Indemnity Acts），不信奉國教者可以享有信仰自由，甚至能享有一定的地方權力。但是，原則上他並沒有真想打破英國國教會的壟斷局面，因此英國不得不又等了100年才廢除了《宗教考查法》和《市鎮社團法》。

在其他地方，如各種團體和市政機構、大學甚或議會自身，也沒有任何關於大規模變革的認真討論。輝格黨與法國和平共處的政策到沃波爾執政時變成了一項與所有人和平共處的政策，而且該政策有一個異常可貴之處，那就是低稅收。

理論上，輝格黨繼續保持了無上權威。而實際上，沃波爾卻巧妙地改變了漢諾威政權的基礎。不再採取強制脅迫手段，而是試圖達成共識；不再以排斥異己的寡頭政治為目標，而是代之以一種雖不那麼令人振奮但卻穩固的統治聯盟，這種聯盟向所有人敞開，只要他擁護那些模糊的「革命原則」，哪怕只是口頭上支持。

庇護人制度和政治穩定

即使沒有沃波爾，漢諾威政權最終也會對政治格局產生重要影響。單就腐敗而言，關鍵的問題並不是

圖2　羅賓政府的政治。沃波爾時代的政治漫畫粗俗但有力。(上圖)：沃波爾(手拿魔棒)和王后卡羅琳正在用魔水控制暴躁易怒的喬治二世(被畫成半人半獸的森林之神模樣)。(背面圖)：大屁股用來暗喻繼沃波爾之後的聯合內閣，它表明了該漫畫創作者對其保證減稅和打擊腐敗等承諾的看法。從這些作品順帶可以看出當時人物漫畫發展的不成熟；不論是上圖中的沃波爾還是背面圖中央的托利黨領袖約翰·海因德·科頓爵士(Sir John Hynde Cotton) 在形象上都與本人沒有任何相似之處。

沃波爾的新管理方式，而是一邊倒的庇護人制度。1714年以前，朝廷政策的無常或不連續，使得官吏和庇護人很難進行投機鑽營。從位於選民金字塔頂端的市鎮商人到位於底部的卑微收稅官或普通議員，都弄不清該去何處謀權謀利。安妮女王時代政黨政治的不穩定也多半源自這種心態上的搖擺不定。1715年以後，公眾生活的一個簡單而重要的事實為不只一代人

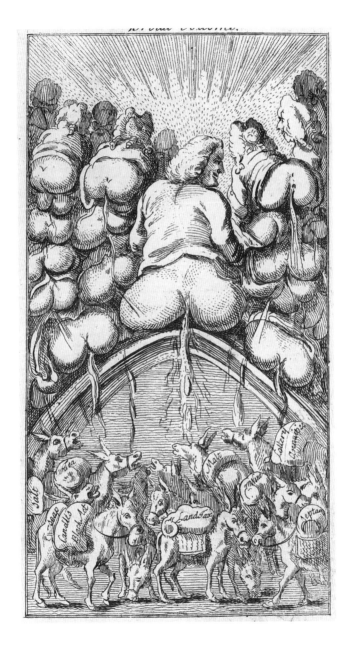

解決了這個問題。喬治一世和喬治二世都反對讓托利黨人進入內閣，除了1743年在沃波爾倒臺後的動盪局勢中產生的為期不長的聯合內閣外，托利黨40多年一直在野。

然而矛盾的是，這種排斥異己反倒進一步保障了內閣的穩定。托利黨在朝廷的朝臣們毫無疑問首先是朝臣，其次才是托利黨人。他們當中許多人無法忍受永遠與官爵和名利無緣的前景。而且，沃波爾式的輝格主義並不很嚴格，其中許多人的家族過去曾站在托利黨一邊，但他們幾乎輕而易舉地就認同了輝格黨的新原則。那些出於利益或本能自然向朝廷政治靠攏的人尤其如此。康沃爾郡的臨近市鎮在世紀之初時曾為輝格黨和托利黨分踞，到18世紀30年代時，已全部成為輝格黨的可靠地盤。儘管1712年時哈利曾使托利黨成為了上議院的多數派，但上議院只有少數托利黨貴族繼續忠於他們在下議院中的朋友。這種變化並不是突然一下子發生的，而是穩步和持續出現的，而且18世紀最重要的一些政治人物，包括皮特和福克斯家族都牽涉其中。

蘇格蘭和愛爾蘭的事態發展與此有些類似。讓蘇格蘭政治家進入威斯敏斯特[23]的舉措為他們開闢了新的庇護領域。同時也有效地激勵了倫敦的政治家對他們出手相助。

---

23 指倫敦英國議院或政府。

這樣，英格蘭與蘇格蘭的輝格黨人都能從中得益。愛爾蘭雖沒有失去自己的議會，但實際上很少能挑戰威斯敏斯特的最高權威。倫敦和都柏林的國王擁護者們大多時候能夠協調合作。在愛爾蘭，大多維繫政府順利運轉的贊助費用出自愛爾蘭人自己。蘇格蘭的情況和愛爾蘭的情況還有其他一些差別。在蘇格蘭，最具威脅性的怨恨情緒來自被挫敗的詹姆士二世黨人。而在愛爾蘭，雖然被疏離的天主教農民在數量上遠遠超過新教徒，但心存怨恨的其實是那些心懷不滿的輝格「愛國者」。

沃波爾和佩勒姆執政時的政治穩定局面是漢諾威體制的一個主要成就，但也不能言過其實。喬治二世統治時期的政治並沒有落到波瀾不興的地步，儘管人們通常這樣認為。漢諾威王朝支持輝格主義，儘管這種主義有些軟弱無力，這樣做的代價是永遠疏離死硬的「地方」托利黨家族。這些家族雖然很少培養出一流政治家，但一直保持着某種在野黨的活力，並成為其他潛在敵對力量的核心。他們讓那些改變立場的同黨的日子很不好過。例如，當他們的一位貴族領袖高爾伯爵[24]加入亨利·佩勒姆的陣營後，1747年的大選在高爾的家鄉斯塔福德郡就造成了幾乎空前的騷亂。事實上，托利黨在各郡都有自己的據點。在那些享

---

24 約翰·勒維森–高爾(John Leveson-Gower, 1st Earl Gower, 1694–1754)，曾是托利議員，後改變了立場。

圖3 宗教自由主義式的辦學。這是劍橋郡巴勒‧格林鎮的一所典型慈善學校，於1708年由該村鎮的教區長創建，提供校長的膳宿。校長按要求應當「勤勉並如實地教授巴勒‧格林鎮最貧窮的孩子以及其他居民閱讀《聖經》、寫一手好字和學會算術」。

有40先令終身不動產的選民中，尤其在英格蘭中部諸郡、西南部諸郡以及威爾士，他們得到了一貫的，甚至是越來越多的支持。在其他地區，他們即使不佔優勢也很有影響力。英國教會的托利主義在輝格黨持續不斷的徇私舞弊行為影響下註定要被削弱，但教會最大的神學院之一，牛津大學，始終忠於英國國教，而且托利黨家族有着足夠的教會庇護來維持其強有力的影響。在許多城市中也蘊藏着有可能反對當時政權的

潛在力量。例如，在倫敦、布里斯托爾、諾維奇和紐卡斯爾，都有民眾參與政治的悠久傳統，還有許多托利黨煽動者可以利用的導火索。沃波爾體制的基礎非常廣泛，不能將之視為狹隘的寡頭政治，但是如果一大部分地主和教士階層以及城鎮中大量中層和下層民眾都反對它，那麼當時的穩定局面可能只是徒有其表。

政權面臨危險

很自然，只有當政權本身分裂了，才具備爆發真正危機的條件。18世紀30年代初期，朝廷中出現了一個由沃波爾對手組成的危險聯盟與沃波爾對峙。眾所周知，沃波爾曾企圖擴展其消費稅制度，這個計劃在財政上是合理的，但在眾多厭惡新稅收和懼怕政府官僚機構擴大的英國人當中卻激起了最深、最強烈的反感，這便使沃波爾的對手有機可乘。沃波爾不得不在1733年決定撤銷其計劃，[25] 再加上喬治二世堅決支持他、反對其朝中的對手，這才保住了他的政權。即使如此，1734年的大選仍引起了對他的廣泛反對，並嚴重地削弱了他在下議院的多數優勢。

四年後出現了甚至更加嚴峻的局勢。1738和1739年間出現了一種鼓動對外擴張的、勢頭強勁的煽動言

25　這裏指的是Excise Bill，用來阻止當時嚴重的走私活動。由於引起了強烈反對而被迫於1733年撤銷。

論，要求對西班牙帝國採取進攻性姿態，這種煽動因得到威爾士親王弗雷德里克[26]的支持而愈加危險。隨之形成了由遭疏離的托利黨人、心存不滿的輝格黨人、懷有敵意的商人、有公眾影響力的政客以及王位繼承人組成的聯盟。這個聯盟的確很危險，它最終不僅迫使沃波爾進行了一場令他深惡痛絕的戰爭，甚至導致了他於1742年下臺。期待權益問題[27]特別令人不安；它後來也給佩勒姆帶來了相同的問題，直到1751年弗雷德里克去世。

即使沒有這些內部壓力，輝格黨的至高權威也遭到了極大反對。詹姆士二世黨人的威脅很可能被誇大了；那些曾為「海峽對岸的國王」[28]舉杯祝福的人當中是否真有很多會為了斯圖亞特王朝而拿自己的財產或性命去冒險，恐怕還很難説。他們的抗議用的是象徵性的酒杯和盾牌，而不是步槍和刺刀。不過，他們當中一些更忠心的人得到了一定的鼓勵。英國參與了

26　弗雷德里克(Frederick Louis, Prince of Wales, 1707–1751)，威爾士親王，喬治二世的長子。他反對沃波爾，是他與喬治二世的爭吵最終決定了1742年沃波爾的下臺。

27　the reversionary interest 是個法律術語，但在18世紀它有特殊含義。在18世紀這個詞牽涉到托利和輝格兩派中一派得到國王支持，另一派就支持王位繼承人，以期望將來得益。這裏指的是國王和沃波爾的反對派支持弗雷德里克親王，期望親王繼位後得到權力和好處。在這一具體情況下，the reversionary interest 譯成「期待權益」比較貼切，它是到18世紀中後期才凸顯的現象。本書第93頁談到老皮特搞兩黨平衡時再次使用了這個詞。

28　即居住在法國的安妮女王的弟弟詹姆士三世。

奧地利王位繼承戰(1740–1748年)，不只是在海外反對西班牙，而且還在歐洲大陸反對強大的波旁家族聯盟。在這場戰爭中，喬治二世主要關注的似乎是保護其熱愛的選帝侯領地；由此他與國內利益集團發生衝突，尤其是把英國的錢財和英國人的鮮血投灑到德國和荷蘭的做法更是不得人心，給了愛國的政治家們大量的把柄來攻擊當時的政權。

沃波爾很久以前曾預言，戰爭將意味着在英國土地上爭奪英國王位繼承權，事實證明的確如此。1745年詹姆士二世黨人侵入，給漢諾威王朝造成了全面威脅。按照歐洲的標準，英國的常備軍規模很小；1745年12月小僭君帶領一小支胡亂拼湊起的部隊深入英國中部腹地，即使這樣一支隊伍也使防禦者們精疲力竭。由於沒有托利黨的支持，政府早已放棄了有戰鬥力的民兵力量，許多鄉紳至多也是不很情願地表示中立。詹姆士二世黨人的軍隊被擊退並最終在卡倫頓被鎮壓，之後對蘇格蘭高地地區展開的兇猛而恐怖的清剿說明了倫敦當局有多麼擔憂，多麼恐慌。從這些方面以及其他一些方面來看，1745年的危機有助於糾正一些關於輝格政府對自己甚為滿意之類的過分平和的描繪。慣常所見的政治上冷漠和貴族式優雅的畫面可能會誤導人。它與1745年叛亂者雜亂但卻血腥的造反情形很不相符，即使18世紀50年代初相對安靜的年月也不完全是平和的。例如，儘管佩勒姆曾用機敏高超

的手段引導其國家安全但也許有些不光彩地走出了戰爭，並憑其財務方面的聰明才智降低了國債所面臨的風險，但是事實證明他也會錯誤判斷政治氣候。他於1753年出臺的《猶太法案》(*Jew Bill*)旨在緩解英國猶太社區一些公民權利被剝奪的狀況，但卻引發了高教會派的敵視和抵制浪潮，結果他被迫放棄了這項得罪人的措施，以免在1754年大選中為此而嘗苦果。再者，詹姆士二世黨人的威脅和征討還遠未結束。一直到1753年，倫敦仍在津津樂道一個詹姆士二世黨的叛亂者被當眾絞死的場面。毫無疑問，18世紀的政治在某些方面是較為溫和，但並不總是如此。

第三章
工業和賦閑

詹姆士二世黨人垂死掙扎之時也恰好是工業化之前的社會消亡之時。根據較早的記述，被稱作工業革命的巨大經濟發展和變革開始於18世紀中葉。但這個事後看來似乎為工業騰飛提供了平臺的時期在當時卻被普遍視為令人擔憂的衰退時期。如何評價這個時期，現在仍存有爭議未決的問題。

18世紀30和40年代，農產品價格格外低；一些重要的工業區，特別是老的紡織中心，遭受嚴重失業和動亂的影響。但是也出現了一些前景較好的發展勢頭。食品價格低廉使得人們能夠將更多的開支用於消費品，由此刺激了更新產業的發展，特別是在英格蘭中部地區。即使農業經常會受到這些低價格的抑制，它也會受其刺激而增加產量。例如，東英吉利亞(East Anglia)的情況便是如此。改良過的混合耕作技術通常與「蕪菁湯森」[1] 時代聯繫在一起，它們其實並非這個時期所專有，但此時其重要性肯定得到了更廣泛的重視。

1　18世紀30年代，湯森勳爵把三葉草和蕪菁引入大田，改三輪制為四輪制，開始農業革命，他因此獲得了「蕪菁湯森」的稱號。

收稅路

在其他行業也有了非常顯著的進步。例如，18世紀30年代取得了運輸史上最引人注目的進展之一——建立了全國範圍的收稅路體制。1730年以前，只成立了少數收稅路托拉斯。多數主要道路，包括北安普頓郡外的大北路和幾乎整條大西路的養護都依賴碰巧位於附近的那些倒霉的教區。喬治王朝初期，由於客流量迅速增加以及主要消費中心之間的貨運服務越來越繁重，英國的道路承受着巨大的壓力，當時的道路狀況確實讓國家很丟臉。收稅路托拉斯也許不總是受歡迎，但卻是一個很好的解決辦法，有一個分級縝密的通行費徵收制度作保障，可以把在地方上籌集的大量資金用於道路維修和養護。

這個世紀中間的40年是這些托拉斯的全盛時期。它們有力地證明了大都市以外地區的活力，英格蘭北部和中西部修建了大量新道路。到1770年時，運河開始拼命爭搶貨運業務，它們提供了一個相對高效的真正全國性的運輸網絡，對旅程所耗時間的影響十分巨大。在18世紀20年代，從倫敦前往約克、曼徹斯特和埃克塞特等郡府需要遠遠不止三天的時間；而到1780年時，24小時左右便可抵達這些郡府。由於幾乎所有重要的道路都這樣竭力縮短運輸時間，當時的運輸在技術利用方面似乎已達到了極限，之後一段時期未見

太多提高，直到1820年左右由於約翰‧麥克亞當[2]和托馬斯‧泰爾福特[3]的功勞，旅途所用時間才再次被大大縮短。

如果不是內陸消費、貿易和資本大大擴展，收稅路也不可能有此發展。但是，這些年英國在海外的擴張一點也不比國內的發展遜色。在這方面，當時的表面現象也可能會迷惑人。愛國政治家們繼續在公眾面前堅持本質上已陳舊的帝國觀念。人們仍然傾向於把殖民地主要視為原材料的寶貴來源地、過剩人口的傾卸地或者是增加國家金銀儲備的手段。西印度群島被稱作是帝國王冠上的寶石，那裏有蔗糖種植園；1739年的英西戰爭與此前的戰爭一樣，被認為是為了闖入南美的黃金國，人們想像着那裏有誘人的金銀和熱帶產品。但事後看來，英國當時的海外貿易格局顯然正在朝着一個全新帝國的方向轉變。歐洲之外出現了越來越多異常活躍的出口市場，尤其是在北美洲。紡織品這種主要的傳統商品因這種方向的改變而受益。但是，更加顯著的增長勢頭出現在一些新興的製造業中，尤其是在與金屬工業相關的製造業中，在家用商品、工具、武器以及各種器皿生產方面。總之，對「伯明翰產品」的需求在激增。

2　約翰‧麥克亞當(John McAdam, 1756–1836)是碎石路發明者。

3　托馬斯‧泰爾福特(Thomas Telford, 1757–1834)是英國歷史上最偉大的道橋工程師之一，一生設計建造了許多橋樑和道路。

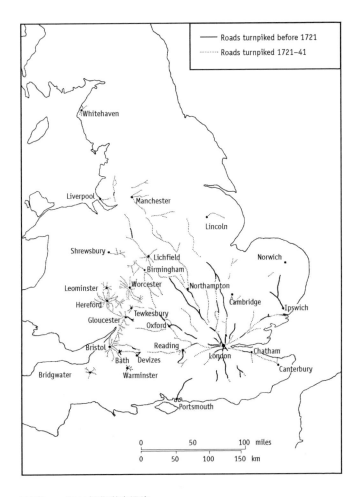

地圖1　　1741年收稅路網絡

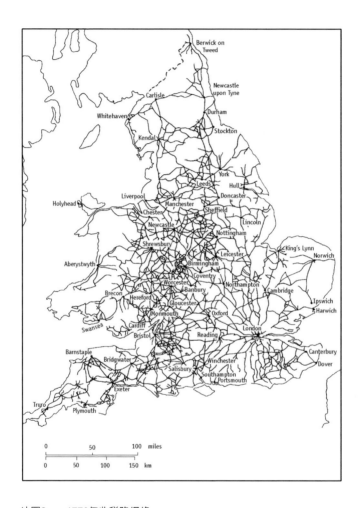

地圖2　　1770年收稅路網絡

重商主義的理論能夠變通來適應這些新趨勢，但當時的人們需要一定時間才能清楚理解這一進程。到18世紀50年代，十三個美洲殖民地的重要性開始得到足夠的重視，商人和行政官員都開始將目光轉向與法國爭奪北大西洋地區的統治地位。戰略重點的改變對國內環境也產生了重要影響。喬治王朝時期倫敦的發展十分迅速，並已毫無爭議地成為了當時西方世界裏最大、最活躍的城市。但事實是，嚴格地從比較角度來看，倫敦並沒有那麼重要。

在美洲興起的新貿易一大部分流向了西部一些新興或正在擴大的港口城市，主要是利物浦、布里斯托爾、格拉斯哥等，懷特黑文在短期內商業活動也曾非常活躍。這些港口的外圍地區，即塞文河谷和中西部地區、約克郡和蘭開夏地區，以及蘇格蘭西部地區的發達，正毫無疑問地在將英國的工業基地由南部、東部和西部移向北部和中部地區。

人口和經濟的增長

這種轉移可以從這個時期人口的變化趨勢中清楚地看出來。18世紀20年代的災難過後，人口又開始回升，儘管18世紀30年代的增長幅度非常緩慢。1750年提議進行的人口普查夭折了，否則統計出的人口總數很可能為580萬左右，比20年前多50萬。1770年時人

口約為640萬，1790年時接近800萬。按19世紀的標準看，這個增長速度並不驚人，不過這仍是現代人口史中一個重要的轉折點。

工業和城市總的發展情況可以說也基本如此。17世紀末和18世紀初一直不斷有重要的創新發明和新興企業出現。但是在亞伯拉罕・達比[4]時代和喬賽亞・韋奇伍德[5]時代之間仍存在極大差異。在這方面，18世紀中葉再一次成為分水嶺。人們所熟悉的工業革命早期的巨頭，馬修・博爾頓和詹姆斯・瓦特、塞繆爾・加貝特、理查德・阿克賴特以及韋奇伍德本人，[6]在18世紀60和70年代裏深刻地影響了民族意識。到18世紀60年代初七年戰爭爆發之時，人們才開始意識到諸如在伯明翰和曼徹斯特等地出現的新發展是多麼振奮人心。

城市進步本身也反映了經濟的增長以及人們對這種增長的普遍興趣。當時一些能記得安妮女王統治時期的狀況並一直活到18世紀最後25年的人都把18世紀60和70年代看作是城市，以及在某種程度上一些較小

4　亞伯拉罕・達比(Abraham Darby, 1678–1717)發明了焦炭煉鐵法。

5　喬賽亞・韋奇伍德(Josiah Wedgwood, 1730–1795)被譽為「英國陶瓷之父」。

6　馬修・博爾頓(Matthew Boulton, 1728–1809)，工程師和製造商，與瓦特合作製造蒸汽機；詹姆斯・瓦特(James Watt, 1736–1819)是蘇格蘭發明家，發明了蒸汽機；塞繆爾・加貝特(Samuel Garbett, 1717–1803)是鑄鐵和金屬冶煉巨頭；理查德・阿克賴特(Richard Arkwright, 1732–1792)發明水力紡紗機，並開設了多處紡織場，變得十分富有，成為工業革命的先驅人物，因此獲得爵位。

城鎮，在物質生活方面發生巨大變化和改善的時代。這主要是指空間、衛生和秩序上的變化。不斷向外擴展的曼徹斯特和格拉斯哥廣受遊客的稱讚，因為它們有寬闊的廣場和一排排整齊的房屋和大貨棧。相比之下，老商業中心則景象雜亂，狹窄的街道和用木料加茅草蓋成的房屋看上去顯得過時甚至原始。任何一個城鎮，只要有自尊心和榮譽感，都會抓住機會獲得議會批准來成立一個具有大規模重建權力的改良委員會。今天許多維護得較好的城鎮都應將其良好的形象歸功於這個時期對城市的重建。在富有想像力的城市規劃方面最引人注目的實例也許要數英格蘭與蘇格蘭邊界以北的地區；愛丁堡的新城至今仍在證明着這個城市的先輩們在這方面的魄力。

位於英國南部的首都也不甘落後。作為一次象徵性的，同時也是實實在在的現代化行動，倫敦於1761年摧毀了商業中心區的那些中世紀城門。其中的盧德門，就在距當時不到30年以前曾被人們信心十足地加以修復和裝飾過，準備再使用數百年。附近的威斯敏斯特區幾乎同時於1762年開始了獨一無二的最大城市重建項目。威斯敏斯特鋪路委員會的委員們與他們在各教區的合作者意圖讓首都一大片地區舊貌換新顏。在那裏大面積鋪設或重新設計了下水道和供水主管道，並用鵝卵石鋪砌街道和人行道，其中許多是第一次鋪砌。廣場得到清理和整修，並用各種各樣的雕像

和花草加以裝飾。房屋被系統地編號；老舊的招牌五顏六色但很笨重，甚至對過路者有危險，於是都被清除掉。到18世紀80年代時，首都的外觀，除貧民窟外，令其市民感到驕傲，也讓遊客，特別是外國遊客感到驚歎。

變化並不局限於城市和市鎮。村莊建築的變化多是漸進式的，但土地本身正在呈現新的格局。議會的一系列圈地法案是農業革命最昭著的表徵，這些法案主要集中在18世紀下半期。它們帶來的經濟影響可能被誇大了，因為從統計上看，它們並不比已經悄然進行了幾十年乃至幾百年的非議會圈地運動更重要；而且這種圈地主要是英格蘭南部和西部從約克郡到格洛斯特郡這一地帶的特徵。但是，作為貧瘠和可改造土地上的農業可盈利的標誌，它們是有力的證據，而且它們對地貌的影響給當時的人留下了深刻的印象。到1776年亞當·斯密[7]發表《國富論》時，議會圈地法案對經濟持續增長表現出了一種近乎於自負的信心。奇怪的是，亞當·斯密本人並不是那麼有信心。不過，斯密是個學者，他的作品基本是理論性的，而不是對實際的觀察，而且這部作品的大部分是在18世紀60和70年代的大發展出現之前構思的。在這方面，他的同鄉約

7　亞當·斯密(Adam Smith, 1723–1790)，知名蘇格蘭思想家和政治經濟學家。

翰・坎貝爾[8] 則是一位更有信心的指導者，他的《政治調查》（1774）一書公開頌揚了英國的經濟發展。

社會變化

物質增長的步伐越來越快，對英國社會的性質也產生了影響。從某種程度上說，這種結果與此前的商業多樣化和資本主義普遍發展所表明的趨勢是一致的。在社會結構方面，可以說主要影響是拉大了社會等級差距。財富分配極不均衡，而且稅收的水平和性質幾乎無助於這些財富的再分配，社會中層和上層的實際生活水準的提高幅度明顯要比社會底層大許多。

這並不是全新的現象。例如，在16和17世紀，農業發展已經顯著改變了典型的農村社會結構。圈地、壟斷式收購和整體上的改良正逐步將以小資產者、世襲地繼承者或為熱衷於老英格蘭的人所喜愛的自耕農為特徵的村落，變成某種全新的東西。農村地區正逐漸被殷實的資本主義化的農場主所統治，他們通常是大地主的土地租用人，本身不是土地所有者，所有在他們之下的人正日益淪為無土地的勞動者。這一進程有時被誇大其詞了，這種情況是否真會出現在很大程

---

8 約翰・坎貝爾(John Campbell, 1696–1782)，伯爵，政客和外交家，在沃波爾政府中任職，曾出使丹麥和俄國，後擔任蘇格蘭在議會的貴族代表等職位。

度上取決於當地的條件。但這一進程在18世紀肯定加快了。而最重要的是，在工業和城市發展方面也出現了極其相似的情況。至少從這個意義上說，18世紀的英國正在逐步走向一個更加兩極化的社會。

更糟的是，兩極分化造成的破壞性後果遠遠要更加明顯。人口流動性的增強，更不要說當時總體識字水準和通信能力的大大提高，使得富人和窮人之間的對照更加鮮明，令人擔憂。統治階層生活奢侈，大肆鋪張浪費，中產階級的生活水準上升得雖不很快，但累積起來影響更大。這些都使一個以金錢為基礎的高度商業化社會的不平等現象鮮明而刺眼。這種疾患，如果確實是一種疾患的話，在首都表現最明顯。在倫敦，由於相對缺乏已牢固確立的社會約束和習俗，可憐的窮人總是能近距離地接觸到舒適的中產階級乃至巨富階層但卻無利可圖，這必然引發我們在菲爾丁和賀加斯作品中看到的那種道德憤怒和社會批判。對這方面的關注到底在多大程度上反映出生活水準的惡化，很難判斷。1750年以前，食品價格極低，加上人口相對無變化且工資穩定，窮人的實際所得很可能有所增加。當時倫敦人特別嗜愛杜松子酒，這帶來了嚴重問題；而較窮的人則特別喜愛飲茶，這雖沒那麼大破壞性，但在當時也同樣遭到批評。儘管如此，這些都至少表明當時人們不缺錢花。但是，世紀中葉以後，許多人的狀況似乎惡化了。他們重新回到了先前

那種收成一般甚至不足的狀況，外加工業經濟不時衰退並導致失業，底層人們的生活就變得窘迫而悲慘。此外，人口的迅速增長，加上機械革新，致使工資維持在較低水平，也使得地位低下的新興無產者無法分享工業大發展帶來的好處。

不滿情緒

18世紀對社會問題的敏感程度比有時看似的要高，不過這些社會問題並沒有簡單或全面的解決辦法。貧民自己進行了反擊，主要靠傳統的武器來維護陷入四面楚歌的經濟秩序。他們求助於限制中間商和壟斷的古老法律來對抗匱乏和高價格。他們結成聯盟來挫敗其僱主，組織互助會以提供一種基本的社會保險，由此抵制工資的削減和機器的引進。在極端情況下，他們會時常起來造反和製造騷亂。

雖然貧民不是沒取得過勝利，但這註定是場要失敗的鬥爭。民眾對富有的商業中間商的所作所為的怨恨雖然得到了地主階級一定的同情，但發展一個專門市場來銷售日益改良的農業所提供的產品對地主與對糧食商來說同樣重要。在陳腐過時的工業關係機制方面情況也是類似：由於擁有資本的生產商和非熟練工人的共同欺騙，企圖貫徹實施原有《學徒法》的努力根本無效。即使成功實施這類限制性措施的公司也只

能做到保證不參與新的投資和新工業。各種行會受到的待遇更為簡慢。純粹旨在提供養老金和疾病補助的互助會得到上層社會的鼓勵，但聯合會（或工會）經常遭到鎮壓，即使它們反對的是18世紀僱主較明顯的不公正做法，如在英格蘭西南部諸郡的服裝工業中採取的實物工資制等。聯合會有時也會成功，例如倫敦成衣業或皇家造船廠的工會運動，這要歸功於地位已穩固的工業集團的決心。在大多數新興工業中，都是僱主獲得徹底的勝利。

從某些方面說，下層階級不滿情緒的最極端表現得到了最大限度的寬容，這無疑是因為家長式的統治者認為這是一種令人遺憾但卻必要的安全閥。政府很少採取過分的措施來鎮壓暴動，而且只對其中少數人進行懲戒性的處罰。即使那樣，只要挑釁沒有造成嚴重後果，就算看上去非常極端，處罰也都往往輕得令人吃驚。事實上，這個時期的多半時間裏選舉騷亂可以說幾乎不可避免。像考文垂這樣一個喧囂的城鎮擁有廣大的選民，而且無選舉權的人也積極參與，每次選舉必然會發生騷亂。反復發生的糧食暴亂與18世紀50年代中期和60年代中期的饑荒有關，也被當作是鄉村生活一個令人不快但多少必要的方面。在一定限度內，當局對這類事件廣泛採取了寬容態度。例如，1765年，倫敦斯皮特爾菲爾茲的繚絲工人認為貝德福德公爵支持進口法國絲綢使他們的處境進一步惡化，

因而暴怒，全面圍困貝德福德府邸。暴亂嚴重到足以動用軍隊的地步，但就連倫敦上流社會也認為把這當作一種有趣的消遣沒有任何不妥之處，值得人們從旁觀者的立場對它進行審視。

執意堅持當然就可能會帶來更嚴厲的後果。18世紀30年代反收稅路最初的暴亂得到了相對寬容的對待，甚至有些有產階級還暗暗給予鼓勵，因為他們與比自己地位低的同胞們一樣厭惡通行費。但是，隨後便不可避免地招致了懲戒性判決。而且，從18世紀60年代起，有跡象表明當局對民眾騷亂的態度有所改變。約翰·威爾克斯[9]為維護選舉權和新聞自由而發起了持久而有爭議的運動，引發了激烈的街頭示威行動。隨後群眾以「威爾克斯與自由」之名同當局發生了衝突，造成了太大的政治影響，已無法讓人熟視無睹。1780年由戈登[10]煽動的反天主教暴亂第一次在倫敦製造了一種真正的恐怖狀態，它標誌着對待暴亂態度的轉變進程中一個更重要的階段。只需等隨後10年

9　約翰·威爾克斯(John Wilkes, 1727–1797)，議會議員，在《北不列顛人》(*The North Briton*)中攻擊了喬治三世1763年3月在議會的講演，指責其為謊言。為此他被政府越權送進倫敦塔。當被依照法律釋放後，他立刻以妨礙人身罪控告國務大臣，最後贏得了官司。此後圍繞他回歸議會和當選議員的問題又進行了一段時間的鬥爭。

10　喬治·戈登(George Gordon, 1751–1793)是新教協會的會長，他的活動導致了1780年6月的暴亂，示威者抵制政府取消對天主教徒公民權方面的限制。有大約800人在這次暴亂中受傷和死亡，21名肇事者被處死刑。戈登本人被辯護律師以沒有直接介入這次事件為由救了下來。

中的法國大革命來徹底摧毀舊的寬容態度，並在有產階級頭腦中形成民眾暴亂為洪水猛獸的概念。

貧困和犯罪

最下層階級人數不斷增長及其生活日益貧困所造成的問題沒有永久的解決辦法。18世紀繼續根據伊麗莎白時代的《濟貧法》和1662年的《定居法》來救濟貧民。在最壞的情況下，一個貧困勞動者及其家人的生活水平可能與一個美洲奴隸或俄國農奴的水平相同，或許還不如他們。對貧民的救濟可能包括由吝嗇的鄰里提供的最低限度的生活必需品，或在濟貧院短期逗留，結果可能遭遇一個殘忍的主管，他通過一系列手段剝削其所照管的人來牟利。關於居留的法律規定凡是住在價值不足每年10英鎊(這是一筆不小的數額)的房屋內的人必須居留在其出生地。

實際上，這些嚴厲的條例並沒那麼令人生畏。濟貧支出是多數教區的一個主要開支項目，到18世紀末期時已經在以驚人的速度增加，它經常擴展到定期進行戶外救濟，而且在一定程度上照顧到不斷上漲的費用和生活水準。居留方面的法律只得到有限執行。不幸的是，這些法律的主要受害者是婦女、兒童和老人，恰巧是這些人可能成為他們所要依附的教區的負擔。但是即使如此，對搬遷的限制到該世紀下半葉時實

際上已微不足道。如果真要認真執行這些限制規定，工業對勞動力的巨大需求也許就不能夠得到滿足了。

這個時代的有產階級與其他時代的一樣對貧民抱有明確的態度，但他們對犯罪的態度更加鮮明。一個商業化的社會帶來了越來越多的誘惑，且由於縱容違法行為引發了越來越多的挑釁。歷來最引人關注的是攔路搶劫等較明目張膽的犯罪行為，或是非法狩獵等在社會學方面極為有趣的犯罪行為。那些令道德家憤怒的人也令歷史學家們感到困惑。18世紀最初20年以及後來在80年代曾定期開展「改善舉止」運動，發動中產階級志願者反對賣淫、酗酒、罵人和賭博。建立了各種教養機構，包括慈善學校、育嬰堂(1739)和面向悔過妓女的妓女收容所(1758)。但是，絕大多數犯罪是某種形式的小偷小摸，是對財產私有價值的侵犯，而且似乎正在造成越來越大的威脅，特別是在城市地區。這種犯罪趨勢無疑是被誇大了，但在這個時期，面對這種犯罪勢頭，財產的確未受到應有的保護。

城市犯罪迫切要求建立得力的警察隊伍，以提高破案和定罪幾率(而不是要求採取更溫和的措施！)。但是，一支警察隊伍可能會帶來許多危險，尤其是它可能被用於政治庇護。而且，一支政府控制的組織有序的武裝力量可能造成的持續威脅在當時被視為很嚴肅的問題。幾乎沒有人會認為應該在以最低限度保留

一支常備軍的同時去允許一種與軍隊同樣邪惡的新隊伍發展壯大。

結果，除了極少數和部分情況以外，如菲爾丁兄弟為維持倫敦秩序所做的努力，這個時期在此方面沒有顯著改善。相反，當局被迫重新採取嚴厲的威懾措施，即使是不太嚴重的違法行為也可能被處以流放或死刑。結果這個時期對輕罪處以死刑的現象激增，對此，19世紀初期的改革者們曾嚴詞譴責。但這似乎是阻止侵犯財產罪行的唯一合理辦法。不過，事實證明這種做法也是不擊自潰的。因為，除非案情非常清楚，否則陪審團不願定罪，法官也不願判刑。與實際犯罪數量相比，定罪的數量很少。即使已經宣佈死刑判決，也極有可能應法官或應一位有權勢庇護人的要求而得到緩期執行。這樣，司法程序在這個時期不可避免地陷入了政策矛盾和政治操縱的混亂局面。

教會

如果說貧民對國家的指望是徒勞的，那麼他們指望教會希望也很渺茫。18世紀的英國教會在我們今天稱作的社會政策方面名聲欠佳。它牢牢固守喬治王朝時期的庇護人制度，很難期望它對當時盛行的觀點系統地提出挑戰。但是，它也並不完全像人們所說的那樣差。18世紀的大量慈善行為有時會被遺忘。這可能

主要是因為這種慈善絕大部分是自願和非正式的，不像後來或者甚至早些時候進行慈善活動時有官方或國家的公文，所以18世紀的慈善活動很容易就在人們眼前消失了。然而，在捐贈和一大批教育、衛生和娛樂機構的維持方面，其記錄是相當驚人的。慈善活動常以一副優越屈尊的姿態出現，其部分動機是急於控制貧困無着的民眾給社會和政治帶來的威脅。但這種做法在其他時期也同樣很典型，而且數量也都令人吃驚。這個時期慈善活動的主要形式是捐款和成立社團——修建學校、向醫院捐贈、成立濟貧院、監督福利團體。在這方面英國教會，或不如說各禮拜堂，都大力參與。而遭到後來改革者譴責的英國國教中的顯要人物——其主教、副主教、教長和大教堂教士們也並非最不積極。

然而，在18世紀關於教會的地位問題存在着某種自相矛盾。在這個世紀初期的「自然」神論影響下，宗教越來越強調善行而不是信仰。基督徒是那些行為舉止像基督徒的人，宗教虔誠的最明顯表現是慈善行為。但是理性的宗教不管怎麼慈善，也無法給予那些缺乏教育或領悟力的人很多精神撫慰。在自由主義宗教趨勢的影響下，所有主要禮拜堂的精神力量明顯衰減。由於自然神論者對三位一體學說提出挑戰，神學方面出現緊張局面，為此主要的非國教信奉派在大眾生活中的影響力明顯減弱，至少在當時退回到了歷來

圖4　悠閒的貴婦們。18世紀末的諷刺作家被婦女的優裕及其潛在的獨立性所吸引。約翰‧科利特 (John Collet) 的大眾文化研究(上圖和背面的圖)強調了某些上流社會女子的活動不像是淑女該參加的。

支持它的城市中產階級當中。農村地區的教會繼續着其沒有太多章法而且也不固定的工作，像以往一樣取決於當地是否有神職人員以及這些人是否願意無私奉

獻。城鎮中的教會則極力傾向於將活動範圍回縮到，
或傾向於像非國教信奉者那樣求助於，有教養的中產
階級教眾，這些人有能力補貼窮困城鎮教士的俸金以
及裝飾或重建禮拜堂。

循道宗[11]

　　結果只有讓英國教會的反叛之女，循道宗運動，來為窮人今世所受的苦難提供來世的補償。衛斯理的循道宗教義錯綜複雜，因此很難泛泛談論其重要性。約翰·衛斯理本人是牛津大學高教會派觀點和反啟蒙政治學的知名學者。[12] 然而，對於許多人來說，他的影響似乎體現了某種17世紀清教徒的精神。他自己的精神之旅是狂風暴雨式的，可以說是輕率和任性的。但他贈予其追隨者的嚴格組織性和紀律性卻接近於專制。

　　從神學上來講，衛斯理是個阿米尼烏斯派[13]教徒；但是，加爾文主義對循道宗運動具有深遠影響。事實上，衛斯理在該領域的前驅是威爾士的格里菲斯·瓊斯和豪威爾·哈里斯以及英格蘭的喬治·懷特菲爾德等加爾文主義信徒。[14] 對其敵人來說，所有這

11　另一個常用的譯法是「衛理公會」。

12　約翰·衛斯理（John Wesley, 1703–1791）在牛津就讀時就開始組織包括他弟弟查爾斯·衛斯理（Charles Wesley, 1707–1788）在內的宗教團體，強調自省和自律。他於1738年在布里斯托爾開辦了循道宗教堂，並巡遊英國佈道。但循道宗真正大規模發展是在他們兄弟去美國之後。

13　Arminian 這個詞來自主張宗教改革的荷蘭神學家阿米尼烏斯（Jacobus Arminius, 1560–1609）。他的原名是雅各布·哈門森（Jacob Harmensen），於1603年起任萊頓大學的神學教授。他的神學理論被稱為Arminianism。

14　格里菲斯·瓊斯（Griffith Jones, 1683–1761），蘭道羅爾教區牧師（rector of Llandowror），福音教士，用乞討的錢辦學來解決威爾士的文盲問題，被認為是現代威爾士的奠基人之一；豪威爾·哈里斯（Howell Harris, 1714–1773），信仰加爾文主義，後成為威爾士主要循道宗領袖

些人似乎都是危險的甚至會煽動叛亂的人物。露天佈道可以說是對教區教士獨霸佈道壇的公開衝擊；按世俗權威的觀點，衛斯理樂於向所有階層的人傳播其救世福音的做法令所有鄉紳和郡選議員不寒而慄。然而，其政治觀點確是專制性的，沒有對社會秩序提出挑戰。他和他的追隨者們自始至終唯一關心的一點是：是否能讓所有人，尤其是讓窮人，讓英國採礦和製造業中那些被拋棄、被更入時的神職人員所忽視的社區都能獲得福音傳道者的救助。他的成就有可能被誇大了，因為到他死時，堅定的循道宗信徒可能也未超過7-8萬。但是，其動盪不安的生活和四處遊歷佈道所引起的憂慮和爭議表明了他對喬治王朝時代社會的影響力度。循道宗信徒常被指責犯有數不清的罪過，其中有些指責彼此矛盾。他們的傳道士既是天主教徒又是清教徒，既是詹姆士二世黨人又是共和黨人。他們或讓家庭主婦心旌搖曳或鼓動她們放棄一切肉體享樂；他們或垂涎他人的財產或不准許人們享用塵世財產。對循道宗教義的指控也多種多樣，這清楚表明衛斯理觸及了當時人們良知的痛處，並暴露了當時信仰中令人尷尬的缺陷。

之一；喬治·懷特菲爾德(George Whitefield, 1714–1770)，福音教士，衛斯理的積極擁護者。他的佈道很吸引人。他於1741年前後脫離了衛斯理兄弟，成為威爾士循道宗領袖。

第四章
英國中產階級的形成

循道宗運動發展初期的歷史肯定給人這樣一種印象，即當時社會關係相當緊張，存在着大量問題。但這有可能有些言過其實。舉例說，當時人們普遍認為英國社會避免了最糟糕的極端情況。令外國人深有感觸的是英國社會結構的靈活和緊湊，而不是其緊張和僵化。

一些相繼來訪的法國人，從伏爾泰到格羅斯雷修士[1]，都在其作品中證明這個國家沒有「等級制度」，尤其是人們可以自在地上下於社會階梯。特別令他們稱道的是，這裏的貴族沒有歐洲大陸貴族所享有的那種特權和優勢。貴族也許可以由上議院審判，但一旦被判處了絞刑，就會與普通罪犯一樣被當眾處死。1760年費爾斯伯爵因謀殺其僕人而被處死，輿論普遍認為他的命運清楚地證明了在犯罪和死亡問題上英國法律一視同仁。在一個不太緊要但也許意義同樣重大的問題上，格羅斯雷驚訝地發現，新收稅路的通行費

1　格羅斯雷修士（Abbé Grosley, 1718–1785），全名為皮埃爾－讓・格羅斯雷（Pierre-Jean Grosley），法國教士、旅行家和遊記作家。

圖5　絞刑架的陰影。被判犯有謀殺罪的貴族費爾斯伯爵遭遇了與普通罪
　　　犯相同的命運：在泰伯恩行刑場被公開處決，其屍體被解剖以支持
　　　醫學事業並以示懲戒。用毒氣(下圖)。事實上，防毒面罩被證明沒
　　　有必要。

針對所有人，不論其等級如何，而且對貴族也沒有減免。此外，英國城市貧民所面臨的生活水平下降和物資匱乏狀況似乎遠遠好於法國或德國農民的狀況。英國的體力勞動者(必須承認評論家通常指的是倫敦的體力勞動者)工資似乎不低，吃得也不錯，特別獨立而且善於表達自己的意見。

最重要的也許是外國人所強調的那種對英國紳士的靈活定義。任何人似乎只要穿得像個紳士便被當作紳士一樣對待。倫敦中產階級乃至下層人都模仿上流社會的時尚、舉止和觀點。這顯然便是一個金錢至上社會的真正標誌，在這樣一個社會中，社會價值觀、社會差異和習俗統統讓位給至尊無上的金錢。英國是18世紀歐洲富豪統治社會的一個突出例證。

財產與階級

這種富豪統治的性質為解釋這個時期的社會穩定狀況提供了一個重要線索。表面上幾乎沒有證據表明財產所有權的基本結構在發生劇烈變化。沒有看到中產階級將資本大量集中投入地產，也沒有看到擁有土地的貴族或地主被大量剝奪財產。小的職業或商業家庭被穩步吸收進來，逐漸改變了擁有地產的階層的確切構成，而沒有對其總體特性產生顯著影響。

至於社會的更高階層，在18世紀，大地主階級在

一定程度上得到了加強和鞏固。但是土地只是一種而且不一定是最重要的財產形式。從這個世紀一開始土地的首要地位就在不斷弱化。光榮革命時期國家收入概算表明，農業創造的收入將近佔總收入的一半，但是這一比例在變化，到1780年時，很可能已降到三分之一。

實際上，土地本身只是英國經濟普遍商業化進程中的一部分；在土地開發和改良過程中，越來越將土地視為一種投資，與對股票、貿易和製造業的投資完全一樣。顯而易見的是，儘管暫時的農業衰退對貿易沒有甚麼影響，但反之則不然；商業不景氣對土地價格的影響極其嚴重。美洲戰爭期間，當海外貿易遭受慘重損失時，其影響立即反映在了財產價值上，同時導致了嚴重的政治後果。如果地產階級擁有的非土地財產的比例再大一些，則情況可能會非常不同。但無論他們在某些領域，如採礦權和政府公債方面，有多重要，他們顯然沒有佔有較大部分非土地財產。工業資本、個人財富以及貿易餘額這些動產絕大多數為廣大的中產階級所擁有。國家經濟的活力和增長都主要依賴他們；而且深為外國人所羨慕的社會靈活性和穩定性也有賴於他們。

當然，中產階級或「中等的一類人」自我的社會認同意識並不強，歸類標準也不是特別一致，在財富的形式和從事的活動方面始終是形形色色的。從擁有大量商業財富並控制着首都的城市老闆到相距甚遠的

圖6 「時髦社會」。這幅1777年的漫畫嘲諷了中產階級婦女對法國時尚
　　的狂熱。

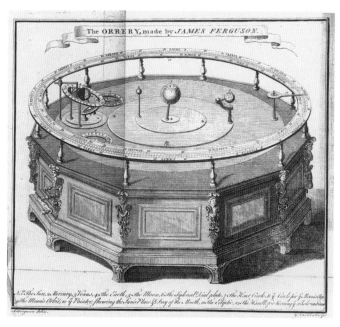

圖7 外行人的科學。(上圖)：當時的一幅印刷品展示了科學講演者、作家詹姆斯·弗格森用以演示行星運動情形的太陽系儀。弗格森的講座在18世紀50年代讓各郡和大都市的中產階級聽眾都很着迷。「太陽系儀」這幅畫(右圖)由德比的約瑟夫·賴特繪製，他既是科學主題的熱心詮釋者，也是利奇菲爾德業餘科學愛好者社團中的成員。

小零售商或工匠都屬此，後者代表了商業英國這個新「店主之國」的中堅力量。人們通常認為稱英國為「店主之國」的説法是世紀末期由拿破崙開始的，其實亞當·斯密早已經使用過。鄉村中產階級，也就是可能即將因鄉紳頭銜而變得有身份的殷實的土地租用人，與城市中他們的對應者，那些靠早期工業社會而發達的

商人、醫生和律師之間也未必有太多相似之處。

　　儘管如此，這些人還是有很多共同之處。他們往往都是白手起家，靠積極主動利用自己的才能致富，他們將自己的勞動和利潤投入商業或職業性經營活動，就這點而言，他們是真正的「資本家」。他們共同擁有、控制或經營着經濟當中最有活力的部分，並逐步改變了人們心目中對英國「紳士」所慣有的概念。在政治上，他們的至高地位在任何規模的城鎮中都很少受到質疑，甚至在許多鄉村教區，幾乎多是他們代表統治階級而不是那些看似在懷特霍爾[2]和威斯敏斯特特別重要的老爺式的大資本家和寡頭政治的執政者。

2　即白廳。

教育和啟蒙

這個階層的主導格調，其注重實效的態度及其坦白的商業邏輯到處可見。它對教育的影響尤其明顯，18世紀因此而名聲不佳。審視一下都鐸和斯圖亞特王朝時代重要的教育學術機構，文法學校和大學，這方面的情況並不令人欣慰。

能夠堅持不懈地履行其職能，向出身較卑微的兒童提供正規系統教育的文法學校其實很少。多數捐款要麼就不足以維持開支，要麼就無法逃避那些掌管者的貪婪。在這些學校中任教的神職人員往往是盡了最大努力，但幾乎仍無法克服由於工資低和資助少所導致的令人沮喪的情形。少數老學校，如伊頓公學、威斯敏斯特公學和溫徹斯特公學則有效地利用了貴族越來越偏愛寄宿制的公學而不選擇由私人教師教授這一狀況。

英格蘭的大學給人一種自負的印象，尤其是與蘇格蘭一些大學相比較而言。英格蘭與蘇格蘭邊界以北的學術活動以宗教衝突甚至偏狹為特徵，但也顯現出巨大的活力，正是在其基礎上蘇格蘭啟蒙運動蓬勃發展。對於那個時期歐洲在道德哲學、政治經濟學以及醫學等各個領域中取得的成就，蘇格蘭做出了重大貢獻。按此標準衡量，英格蘭的大學顯然要遜色不少。其職能部分是培養神職人員，部分是為上流社會和富

人提供內容廣泛的教育。對此，他們投入了高度的熱情。牛津的哈福德這樣的新學校中推行了嚴謹治學和創新教學，劍橋大學在數學研究方面取得了真正進展，這些無論如何也與托馬斯·羅蘭森[3]的作品或反教權主義宣傳給人的印象不相符。即使如此，這些大學也顯然沒有滿足中產階級的需要。

但事實上也沒人指望它們能滿足中產階級的需要。因缺少文法學校和大學，中產階級便採取其典型的捐款和收取學費等手段，創辦了大量適用於中產階級孩子的實用而進步的教育機構，為不同職業和商界培育人才。這些學校通常存在時間不長，漸漸消失後幾乎不留痕跡，所以維多利亞時代那些吹毛求疵的人很容易認為它們根本沒存在過。即使是18世紀最大的一些學校，包括北安普頓和沃林頓那些同類中最優秀的學校不久便也消失了。但在它們存在的期間，它們所提供的正是商業階級所仰賴的樸實卻實用的基礎教育，但這並不是說它們完全忽視了高雅藝術和社交風範。上流社會的教養與身份與物質財富一樣令人渴望。18世紀出現了大量女子學校，很符合那些想提高社會地位的人們的需要。但是，尤其對於男孩子來說，所謂「現代」學校教育的主要優點是其實用性。

結果顯然是形成了一種中產階級文化，具有鮮明的實用主義色彩。如果說英國曾有過啟蒙運動，恐怕

3　托馬斯·羅蘭森(Thomas Rowlandson, 1756–1827)，英國漫畫家。

就是在這個意義上對實用思想頭腦的啟蒙。18世紀中葉人們迷戀的主要不是神學辯論，也不是哲學思考，而是應用技術。成立於1758年的行業會(Society of Arts)便充分地體現了這種精神。該協會成立初期最有爭議的項目也許就是其要通過陸路將沿海的魚產品運往倫敦的計劃，由此打破泰晤士河魚販的壟斷局面，並大幅度降低這種重要而且有營養(這一點被特別強調)的產品的價格。這的確有點不可思議，但其目的極為實際。

行業會是全國的一大關注點，但是在諸多依賴對科學或偽科學知識的興趣發展起來的或正規或非正規、或持久或短暫的會社和協會中，它只是最知名的一個。這種興趣在各郡至少和在首都一樣強烈。在許多熱衷於科學的業餘團體中，就數與伊拉斯謨·達爾文[4]有聯繫的利奇菲爾德業餘科學愛好者社團和月亮學會最有名。從這些會社助推下產生的大量文章、作品中也可以大致看出民眾對科學問題有了更強的興趣。甚至連一些娛樂性的月刊中也大量刊登了這個醉心於探索物質世界奧秘的時代的眾多發明創造和推測遐想。

娛樂

中產階級在工作和學習之餘需要有屬自己階級的

4　伊拉斯謨·達爾文(Erasmus Darwin, 1731–1802)，查爾斯·達爾文的祖父，是一名醫生，也是詩人，利奇菲爾德文學社團成員。

遊戲和娛樂。18世紀永遠會讓人聯想到一個時髦的寡頭政治社會的那些娛樂活動，尤其具代表性的是全盛時期的大溫泉城中的No.1——巴斯。但如果沒有中產階級顧客的光顧，巴斯則可能早已失去其在喬治王朝時的活力而名存實亡了。開發者伍德家族和它的首位主持「紈絝子」納什[5]的事業不只要依賴大人物的名聲還要依賴中產階級的金錢。每個貴族去進行溫泉療養或參加議會，都必須有一群人為分享那高雅氛圍出錢付賬。在這方面，與在其他許多方面一樣，是中等階層對比他們身份高的上流階層的風尚和習慣的忠實擁護支撐了休閒與奢侈給商業帶來的活力，同時也維持了貴族仍然高高在上和屈尊俯就的印象。巴斯無論如何也算不上獨特。畢竟，溫泉療養既是地區性的也是全國性的現象，各郡都有一些與著名的巴斯極其類似的溫泉城。18世紀20年代初丹尼爾·笛福[6]周遊英國時，他發現了許多溫泉城。他驚訝地注意到，在坦布里奇城，「社交聚會和娛樂是該地區的主要活動。」但是，在首都周圍有若干與坦布里奇競爭的城鎮，包

5　伍德家族(the Woods)主要指約翰·伍德(John Wood, 1704–1754)，一個出生在巴斯的建築家，他設計了巴斯的街道和旅館；還有傑羅姆·伍德(Jerome Wood, 1730–1780)，他也搞建築。理查德·納什(Richard Nash, 1674–1761)對巴斯休閒業的發展有很大影響。

6　丹尼爾·笛福(Daniel Defoe, 1660?–1731)，18世紀最有代表性的中產階級作家，著有遊記、傳記、行為指南和政論文章等。他最知名的小說是《魯濱孫漂流記》(*The Life and Strange and Surprising Adventures of Robinson Crusoe*, 1719)。

括埃普瑟姆、達爾威奇和西德納姆韋爾斯，都是吸引那些尋求鄉間空氣和礦物鹽的倫敦人的勝地。在為現代旅行者的祖輩們所鍾愛的皮克區，笛福發現巴克斯頓和馬特洛克所能提供的膳宿已無法滿足遊客的需求。尤其是巴克斯頓，它在18世紀中葉得到迅速發展，不過到80年代它與坦布里奇爭做僅次於巴斯的第二大溫泉城時，又面臨來自一個新對手，即切爾滕納姆的壓力。

溫泉水的供應當然有限，但另一種有價值的商品——海水的供應卻不會短缺。在這一點上與溫泉的情況一樣，醫療界急切地想證實海水和海邊的空氣對身體有難以估量的好處，在他們的協助下健康與娛樂得以很好地結合起來。布賴頓在18世紀90年代以前未得到任何大的發展。

但對海邊勝地的開發卻早已開始。拉塞爾醫師[7]於1749年發表了一篇名為《腺體疾病治療中海水的應用》的論文，對這一進程產生了重要影響。韋茅斯極力就英吉利海峽水中含有大量礦物質做文章，到1780年時它已成為一個生機勃勃的休閒勝地。馬蓋特和拉姆斯蓋特與倫敦之間往來便利，成名的時間甚至更早，也為人們提供了更複雜多樣的活動安排。約克郡海岸的斯卡伯勒也同樣很發達。

7　理查德·拉塞爾(Richard Russell, 1687–1759)的這篇論文雖然現在看來科學性是不夠的，但在當時影響很大。

醫學當然是這些發展中很重要的因素，但是不能不看到其基本動力來自更世俗的社會需求。上流社會每年的傳統社交季節裏會有各種社交活動和圍繞宮廷的活動安排，下層階級的市集和假日多遭到鄙夷，而新的勝地則非常成功地彌補了這之間巨大的空檔，並獲取了巨額利潤。它們主要面向中產階級，將中產階級的城市生活暫時搬到新環境中，就像貴族退隱到鄉間別墅一樣。中產階級想要有自己特色的娛樂活動這一普遍存在的需求是它們發展的基礎。而收費和預訂措施則保證了它有體面的來客和像樣的氛圍。

在某些方面，婦女是富裕新生活最明顯的受益者，這樣一種靈活但受到保護的環境對於她們來說尤其重要。早在休閒勝地出現之前，笛福就已充分描繪了其特徵，稱其為「新的時髦集會交際」。集會上可以跳舞、打牌、飲茶，還可以認識和結交不同的人，到世紀中葉時這已是很常見的活動。甚至在許多集鎮上，集會都成為婚姻市場這類有目的的活動和鄉間閒聊這類十分隨意的活動的重要中心。在大城市中，這種集會可能還有壯觀地集中展示該城市自豪感的目的。在諾里奇，18世紀50年代建造的劇院和會館突出體現了當地建築師托馬斯·艾沃里[8]個性鮮明的設計特

8　托馬斯·艾沃里(Thomas Ivory, 1709–1779)是18世紀很有創見的建築家，原來做木材生意。他的代表作是諾里奇的八角教堂(1756)，即文中提到的非國教信仰者的教堂。

圖8　海邊。(上圖)：一幅描繪黑潭魅力的早期獨特速寫。(右圖)：本傑明・韋斯特之後威廉・伯奇創作的一幅雕版圖，描繪了拉姆斯蓋特海水浴的場面，順帶也展示了浴場更衣車的使用。

色。與這些同時興建的還有為非國教信仰者修建的一座宏偉的新教堂，也恰好體現了宗教與娛樂之間的社會聯繫。許多平時交錢參加幾乎每天在會館舉行的盛大晚會的人星期天也會去附屬於會館的小教堂做禮拜。

文化趨勢

　　若試圖將一個複雜時代的所有文化發展趨勢歸納為一種單一的模式似乎不夠審慎。但幾乎可以肯定的是，喬治王朝中期藝術的主要格調極其符合富有且自命不凡的廣大中產階級的需要。從嚴格的貴族古典主

義退而轉向資產階級的浪漫主義並不是簡單的回歸。
實際上，古典主義傳統繼續得到重新詮釋，就像文藝
復興後幾代人一直做的那樣。但此間有跡象表明出現
了一種嶄新的，甚至是反貴族的精神。奧古斯都藝
術[9]的成功是精英們的成功，主要消費對象是上層人
物。注重秩序、結構和形式是18世紀初期文學藝術的
特點，對其在古典藝術中的重要性的深刻理會是闡釋
它們的關鍵。同屬一類的還有對羅馬教皇進行賀拉斯

9　奧古斯都藝術指18世紀上半葉的新古典主義文學和藝術。因為這一潮
　　流是以古代希臘羅馬的大師為仿效對象的，所以有此別名。

式的諷刺，[10] 對伯林頓建築採取的帕拉弟奧風格的設計，[11] 以及威廉‧肯特[12] 等古典主義者所鍾愛的本質上仍很正規的園林藝術。但20年後，中產階級教育所培養出來的那些注重實效的人很少能欣賞一部諷刺作品在語言上的微妙之處，而能夠理解或認同威尼斯文藝復興風格作品的人就更少。

相反，18世紀中葉取得的文化成就既不講求華麗高雅也不講求細膩精妙。威廉‧申斯通[13] 宣揚的風景園藝和更時尚的、由「能人」布朗[14] 所採用的「自然」景觀，都表明18世紀初時競相模仿和影射古典主義的那股熱情已不再。新的文學發展趨勢顯然也是如此。幾乎無須強調，無論是關於流浪漢冒險故事的小說，還是那些拘謹古板的小說都具有明顯的資產階級性質。有時，這種性質會表現得異常鮮明，比如理查

---

10 賀拉斯（Horace, 65–8 BC）是奧古斯都時代的詩人。他的諷刺詩歌很有成就。這裏說的是18世紀古典主義作家效仿他的詩歌來諷刺羅馬教皇。

11 伯林頓指理查德‧博伊爾，伯林頓伯爵（Richard Boyle, Lord Burlington, 1694–1753）。他是當時的藝術庇護人，主持建造了英國著名的帕拉弟奧建築。「帕拉弟奧風格」指意大利文藝復興時期建築設計師安德烈亞‧帕拉弟奧（Andrea Palladio, 1508–1580）的風格。

12 威廉‧肯特（William Kent, 1685–1748）是英國的園林藝術家、建築家和畫家。

13 威廉‧申斯通（William Shenstone, 1714–1763），風景園藝師，也發表了一些詩歌。他的家是英國18世紀風景園藝的典型一例。

14 蘭斯洛特‧布朗（Lancelot 'Capability' Brown, 1716–1783）是18世紀非常有影響的建築家，他主張風景不能只供欣賞，還應帶來經濟效應，要能產生財富。

遜在其《帕美勒》和《克拉麗莎》中對放蕩貴族帶有偏見的描寫。[15] 而另外一些時候，如在斯摩萊特[16]和菲爾丁的冒險故事中，這種資產階級性質則表現為對下層和中等階層社會生活的一種道學興趣。

不管怎樣，這些趨勢聚在一起，使得情感至上變為18世紀60年代最典型的表現方式。例如，勞倫斯·斯特恩[17]的《商第傳》，不僅進入了王宮，而且進入了普通人家的客廳，既吸引了富豪也吸引了商販。但是，不能因大眾普遍對情感運動[18]懷有熱情而削弱其作為中產階級價值觀和觀點的載體的重要性。情感可以通過想像把一個消費社會營造得文明而高雅，那正是英國商界通過財富在現實中力求要實現的。情感使「自然」品味成為文雅的真正標準，那是有道德的人的品位，不論這人有何種成長背景和教養。它還宣揚了中產階級的家庭道德，強調家庭生活和加爾文主義

15　塞繆爾·理查遜(Samuel Richardson, 1689–1761)，著名書信體小說家，以描寫女性婚戀和心理著稱。這裏提到的是他的兩部主要小說，女主人公都遭遇同放蕩貴族鬥爭的命運。

16　托比亞斯·喬治·斯摩萊特(Tobias George Smollett, 1721–1771)是18世紀後期的重要小說家，小說《漢弗萊·克林克出征記》(*The Expedition of Hamphry Clinker*, 1771)為其最出色作品。

17　勞倫斯·斯特恩(Laurence Sterne, 1713–1768)，情感(或感傷)小說的鼻祖。他的主要作品《商第傳》(*The Life and Opinions of Tristram Shandy, Gentleman*, 1759–1767)，是一部實驗性很強、別出心裁的小說。

18　情感運動，又稱感傷主義運動，是起自英國而後波及歐洲的一種文學潮流，得名斯特恩的小說《穿行法國和意大利的感傷之旅》(*A Sentimental Journey through France and Italy*, 1768)。

的美德觀念，反對關於個人榮譽的英雄觀和等級觀。

1760年喬治二世死後，新國王和王后將會證明他們恰恰是這種理想的典型象徵，使宮廷上下有了一種近乎維多利亞時代的氣氛。在這方面，他們忠實地反映了眾多臣民的道德觀念。早些時候，中產階級只是去模仿社會地位更高的人。現在，至少在理論上，不必再去模仿了。在這個嶄新的世界中不用再去努力培養風度舉止，一個多情善感的人，正如麥肯齊[19]的頗有影響力的同名小說中的主人公一樣，實際上是無階級的。

文化自信心

如果說中產階級的文化是多愁善感的，那麼它還明顯地帶有某種偏狹性，只有在藝術家本人渴望表明自己願意坦然接受外部影響時，此種情況才會有所緩和。但知識界的標新立異者在這方面的活動多少會令人誤解。喬舒亞·雷諾茲爵士[20]是英國新政權時期公認的藝術大師，他有意識地借助歐洲大陸的模式，向一個庸俗但期盼文化的大眾群體傳播優秀的歐洲藝術

---

19 亨利·麥肯齊（Henry Mackenzie, 1745–1831）主要的小說作品就是這裏提到的《有情人》（*The Man of Feeling,* 1771）。

20 喬舒亞·雷諾茲（Joshua Reynolds, 1723–1792），著名英國肖像畫家，也參加了一些文學社團。他為當時的許多知名作家、思想家、演員等畫過像。約翰遜博士畫像是他最著名的肖像畫之一。

傳統。然而，在一定程度上他也體現了本國的許多新趨勢。雷諾茲與其他許多靠肖像畫為生的人一樣，既依賴新興的富有階層也依賴更有貴族氣派的庇護人。

另外，雷諾茲的影響也恰好反映了這個國家的生機和活力，以及當時典型的行業組織化現象。1768年成立的皇家藝術學院，從某個角度說，相當於一個有代表性的協會，可以與那些正日益湧現的代表醫生和律師的專業組織相類比。在另一個層面上，該學院促使一種充滿生命力的本土藝術達到了巔峰，賀加斯就是這種藝術的先驅，但他沒能見到其鼎盛時期。這並不是說在這個或其他文化活動領域中外國影響不重要。安傑莉卡·考夫曼[21]是最受倫敦時髦人物歡迎的裝飾藝術家，約翰·佐法尼[22]是倫敦最成功的肖像畫家之一。但是這兩個人都沒有像這個世紀早些時候定居在此的外國人那樣發揮作用。沒有像韋里奧[23]那樣的人統攝富麗堂皇的裝飾藝術，沒有像亨德爾[24]那樣的音樂家鶴立於英國音樂家之上，也沒有像賴斯布

---

21 安傑莉卡·考夫曼(Angelica Kauffmann, 1741–1807)，瑞士新古典主義風格初期女畫家。

22 約翰·佐法尼(Johann Zoffany, 1733–1810)，德國出生的英國畫家，皇家藝術學院奠基人。

23 安東尼奧·韋里奧(Antonio Verrio, 1639–1707)，意大利裝飾畫家。1671年定居英國，為白廳、溫莎堡和漢普頓宮繪製了大量的壁畫。

24 喬治·弗里德利克·亨德爾(George Frideric Handel, 1685–1759)，德國出生的大作曲家，後移居英國。

雷克[25]或魯比利亞克[26]那樣的人引領墓碑雕刻和雕像藝術。相反，這個時期有亞當兄弟[27]裝飾英國人的住房，有勃爾尼[28]或博伊斯[29]教他們欣賞音樂，死後還有威爾頓[30]用雕塑紀念他們。新獲得的文化自信心在英國文學愛好者的身上表現得尤為突出。演員大衛·加里克[31]個人為莎士比亞戲劇的宣傳作出了不懈的努力，最終於1769年在斯特拉特福德舉行了莎士比亞紀念慶典。不過在畫家當中也有可與之相比的愛國情懷。賀加斯曾有意識地努力創立一種真正的本國傳統，而且此中最引人注目的是他完全單槍匹馬地在開創這一偉大事業。而他創立的英國畫派的繼承者們最突出之處則是，他們能夠自如地借用歐洲大陸的技巧

25　邁克爾·賴斯布雷克(Michael Rysbrack, 1694–1770)，佛蘭德斯雕塑家。出生於佛蘭德斯一個藝術世家，1720年定居英國。

26　路易–弗朗斯瓦·魯比利亞克(Louis-François Roubiliac, 1702–1762)，生於法國，活躍於英國，為歐洲開創了製作雕像紀念天才人物的先例。

27　羅伯特·亞當(Robert Adam, 1728–1792)和詹姆斯·亞當(James Adam, 1730–1794)是蘇格蘭兄弟建築家，在英格蘭和蘇格蘭設計了很多重要的公共和私人建築。

28　查爾斯·勃爾尼(Charles Burney, 1726–1814)，音樂史家、作曲家。

29　威廉·博伊斯(William Boyce, 1711–1779)，英國教堂音樂作曲家的先驅之一，知名的管風琴樂師，音樂編輯，以其多首交響曲而享有盛名。

30　約瑟夫·威爾頓(Joseph Wilton, 1722–1803)，英國古典雕塑藝術家，在佛蘭德斯和巴黎學藝，回國後擔任喬治三世的王室雕塑師，並經營畫廊和畫室。這裏用他和外籍雕塑家魯比利亞克對比。

31　大衛·加里克(David Garrick, 1717–1779)，18世紀英國著名演員、劇院經理和劇作家。

卻既無自卑感也無依附感。德比的約瑟夫·賴特[32]在世紀中葉的藝術家中雖不是最受讚賞的，但也許是最富創新性的，他在這方面很有代表性。也難怪他成了查爾斯·達爾文的祖父，伊拉斯謨·達爾文的朋友，他本人也是一位著名醫生、科學家和詩人。賴特最擅長的是帶有部分教育目的的、以科學實驗和發現為題材的作品。但同時，他也很會巧妙地運用光線，其手法不會使卡拉瓦喬[33]蒙羞。與所有人一樣，賴特也去過意大利，但那是在他創作出了他的主要傑作之後，而非之前。他回來後許多人都覺得他似乎失去了而不是獲得了靈感。

優雅和身份

並不只是在高雅藝術中才能見到這種主要受中產階級願望驅使的越來越強的民族自信和凝聚力。外國來訪者和國內的人都常評論的一個現象是，鄉下人的行為舉止與倫敦人越來越相似了。劇作家喬治·科爾曼[34]1761年時評論說，半個世紀以前「偏遠郡縣的居

32 約瑟夫·賴特(Joseph Wright, 1734–1797)是第一個將工業革命精神直接注入到藝術中的職業畫家，也是英國歷史上第一個以實驗為主要題材的畫家。

33 卡拉瓦喬(Polidoro Caldara da Caravaggio,1496–1543)，著名意大利畫家。

34 喬治·科爾曼(George Colman, 1732–1794)，英國戲劇家和劇院經理。

民被視為一個完全不同於大都市居民的人種，幾乎就像好望角的土著居民一樣」。而現在卻很難將兩者區分開來了。

　　倫敦的風尚、倫敦的文化修養、倫敦的口音還有倫敦的疾病，都沿着英國新修的主幹公路傳播，隨後蔓延遍及鄉村地區。愛丁堡和格拉斯哥、斯旺西和都柏林都是這一擴展進程中最先到達的前站城市，自18世紀60和70年代起旅遊業成為不列顛群島那些所謂偏遠地區的主要產業後，又有許多大城市相繼出現。當然這種影響有可能被誇大了，不過很明顯，當時的許多見證文字都對下層百姓的服飾、舉止和道德規範表現出了濃厚的興趣，如同其對中產階級的關注一樣。很可能在世紀末時，一些地區的工業呈現爆炸式增長再次造成了一種較強的外省人身份感。但在世紀中葉時人們覺察到的差不多全是對文化統一的強調。「宮廷和鄉村」以及「市民和鄉下人」這類二分狀況似乎已成為過去。

第五章
不同政見的鬥爭

　　喬治王朝中期所經歷的社會變革對英國的影響是深刻而廣泛的，對未來極其重要。但在當時，由於世襲權利和習俗的力量壓倒一切，很難估量這些變革對政治結構的直接影響。表面上，世紀中葉前後政治的性質幾乎沒有變化。諾思[1]（任期：1770–1782）和小皮特[2]（任期：1783–1801）在執政手法和政策方面可與沃波爾和佩勒姆相比。事實上憲制方面幾乎沒有很大變化。19世紀威脅「舊制度」的那股躁動不安和改革的洪流，在事後看來似乎來得過激了。

　　然而，這方面的表面現象非常具有欺騙性。由於意識到懷特霍爾和威斯敏斯特之外有廣大的政治民眾，所以政治語言、目標甚至手段都受此影響。不說

1　弗雷德里克・諾思(Frederick North, 1732–1792)，伯爵，先任下議院議長，1770年在喬治三世治下擔任首相，主張在美國獨立問題上讓步。1782年議會通過了同意美國獨立的議案，一個月後諾思辭去首相職務。

2　小威廉・皮特(William Pitt, the Younger, 1759–1806)，老皮特的二兒子，持自由托利主義觀點，1781年進入議會，1783–1801及1804–1806年間兩次任首相。他執政期間在減少國家開銷、施行新稅收制度以降低國債等方面做出了成績。

別的，光是18世紀50和60年代報紙、印刷品和政治小冊子中所展現出的唇槍舌戰的範圍廣度和激烈程度就足以證明公開辯論的活力和政客們急於參政的心情。在這群政客中，有一位似乎佔有特殊位置。

老威廉·皮特

老皮特[3]的名聲是如此褒貶不一，以致兩個世紀後仍難以給予他這樣一個有影響力的人物所應得的評價。1754年以前，皮特的事業還遠未獲得成功。他出身於一個慣於揮霍且有些怪癖的家庭，是家中的幼子，加入了輝格黨並最終通過婚姻進入了一個大輝格黨家族，即斯托的坦普爾家族[4]。年輕時，他作為一名愛國演講者，以令人生畏的雄辯和張揚奔放的激情確立了自己的政治聲望。在奧地利王位繼承戰期間，他言辭激烈地反對漢諾威王朝，這不僅大大提高了他的知名度而且讓他受到了民眾的歡迎，但這些卻使他在國王面前成了幾乎永遠不受歡迎的人。當1746年佩勒

3　老威廉·皮特(William Pitt, the Elder, 1708–1778)，伯爵，1735年進入下議院，擔任過掌璽大臣，兩度成為實際上的首相，第二次是同紐卡斯爾組成聯合內閣。

4　斯托的坦普爾家族(Temple of Stowe)指以理查德·格倫維爾–坦普爾伯爵(Richard Grenville-Temple, 1711–1779)為主的輝格大家族。他是喬治·格倫維爾的兄弟，老皮特的連襟，在紐卡斯爾內閣任大臣，反對他的兄弟，支持皮特，在朝政中很有發言權。

姆起用他時，那個官職也只是有利可圖而沒有前途。身為財政部主計長，皮特被排除在了高級決策之外，而且在議會辯論中他的言論被有效地鉗制。這似乎是又一個愛國者謀求發展時為了晉升而放棄原則的例證。

但是，18世紀50年代的事件使皮特時來運轉。1754年佩勒姆突然去世，這即使在當時也似乎是個轉折點，國王本人對此事的言談起碼可以説明其重要性，他説：「現在我將不再有安寧的日子。」佩勒姆的繼承者是其兄弟紐卡斯爾[5]，一個精明且經驗豐富的大臣，絕不是傳説中描繪的平庸可笑之才。但是在上議院裏他發現很難再施加其兄弟或沃波爾的那種控制性影響。皮特在下議院的主要對手亨利·福克斯[6]則缺乏政治勇氣，也沒有足夠的份量，無法替代佩勒姆。輝格黨的「老骨幹人員」，即自漢諾威即位後議會中的支配力量，這時幾乎群龍無首。他們的對手托利黨由於持續遭排斥此時也越來越難駕馭，而且不再認真考慮迎候一位來自海峽對岸的國王[7]之事，他們也在尋求出路。皮特不正是能使兩者的需求都得到滿足的人選嗎？

5　托馬斯·佩勒姆–霍利斯·紐卡斯爾(Thomas Pelham-Holles Newcastle, 1693–1768)，公爵，亨利·佩勒姆的兄弟。他1714年進入議院，1754–1756及1757–1762年間兩次任首相。第二次是與老皮特聯合組閣。

6　亨利·福克斯(Henry Fox, 1705–1774)，霍蘭男爵(第一)(Holland, 1st Baron)，堅定的輝格黨議員，是該黨的中心人物，致力改革。他還是作家和文學庇護人。

7　即詹姆士三世。

他之所以能夠這樣做，多虧當時的環境，尤其是國際形勢。奧地利王位繼承戰明確了將來的主要衝突領域，但並沒有着手開始解決。海外的主要着眼點不再是西班牙帝國的命運，而是英法這兩個重商主義時代最成功的商業大國之間可能發生的世界範圍的衝突。在北美洲，法國試圖建立一條從魁北克貫穿到路易斯安那的領地鏈帶，切斷英國的殖民地。在西印度群島，他們不斷為有爭議的產糖島嶼發生爭吵，正如在西非他們經常為奴隸和橡膠貿易發生爭執一樣。在印度，本土的王公們熱衷於派系鬥爭且虛弱無力，法國和英國的東印度公司則強取豪奪，這兩種因素綜合起來攪得那裏局勢十分不穩定。這一切都預示着將為帝國展開一場決定性的殊死之戰。

皮特和七年戰爭

戰爭爆發了，開始時對英國和皮特的政敵來說損失都很慘重。1755–1756年中，海軍行動不成功，英國喪失了地中海上的梅諾卡島，海軍上將賓[8]被無情地當作替罪羊，使得老輝格黨政權信譽掃地。而這卻成就了皮特，或許也成就了第一英帝國。

接下來幾年是歷史上格外重要的一個階段。七年戰爭取得一系列勝利，英國在北美和印度徹底擊敗了

8　約翰·賓(John Byng, 1704–1757)因撤退而被送上軍事法庭，並判處死刑。

法國，在其他地方也成功擋住了波旁王朝的威脅，代表了帝國成就的巔峰，皮特也因此成為英國歷史上戰功最輝煌的大臣。此外，他成功地痛擊了輝格黨的「老骨幹人員」這幫政客，似乎預示了一批新派政客和一種新型政治的出現，這可以從約翰遜博士[9]對沃波爾和皮特所作的巧妙對比中看出，前者是「國王派給百姓的首相」，而後者則是「百姓派給國王的首相」。然而，皮特得以飛黃騰達更多的是憑藉其敏銳的政治判斷力以及純粹的運氣，而不是公眾的讚譽。就算有民眾支持他，這種支持也是他在倫敦城中的朋友和在外省新結識的托利黨夥伴費心策劃的。他第一次嘗試執政，即1756–1757年的皮特－德文郡公爵內閣，軟弱無力且為時不長；第二次，即1757年的聯合內閣，遠遠成功得多，這部分是因為他與紐卡斯爾做了筆交易，部分是因為得到威爾士親王，即未來的喬治三世的支持。這種兼顧「期待權益」與「老骨幹人員」的做法與皮特的各屆前任和政敵們的那些政治伎倆一樣地不擇手段，與沃波爾在1720年的所作所為也極其相似，當時沃波爾和喬治親王（後來的喬治二世）又是恐嚇威脅，又是甜言蜜語，最終重返宮廷，榮登王位。

皮特在戰爭中的作為也不像他的敬慕者後來所宣

9　塞繆爾・約翰遜(Samuel Johnson, 1709–1784)，18世紀英國文壇領袖，持保守的托利觀點。他編纂了第一部英文詞典，編過期刊雜誌，為英國詩人寫過傳記，並發表過詩歌、遊記和小說。

揚的那樣毫無瑕疵。他所實行的基本戰略與他先前支持的愛國方案完全相左。他堅持不惜重金與普魯士結成同盟，並將英國的錢財和人力大量用來在德國維持一支軍隊，這些都自然地遵循了佩勒姆和紐卡斯爾的外交策略。皮特自己對戰爭最具代表性的貢獻是對法國海岸實行聯合作戰，旨在轉移法國對德國戰爭的注意力。這是他拼命試圖向其朋友們，那些對他的「漢諾威」政策已經越來越感到失望的托利黨人，證明他仍然愛國的做法。就軍事而言，此舉不僅鋪張浪費而且收效甚微。

戰爭最終取得了勝利，但這也大多歸功於皮特難以駕馭的一些因素。大體上說，法國因為沒能加強海軍和殖民地戰爭的財力和物資供給而付出了慘重代價。在印度，英國東印度公司所佔的優勢不是太多，但卻是決定性的，尤其是加上了羅伯特・克萊武[10]的才幹。皮特把克萊武稱為「上天選派的」將領，就是借用辭令來表示他不能將任命克萊武的功勞據為己有。

即使是曾英勇攻克魁北克、被國民寄予厚望的詹姆斯・沃爾夫[11]，也只是在北美指揮作戰的司令官中的

10　羅伯特・克萊武(Robert Clive, 1725–1774)曾就職東印度公司。1748年在對法戰爭中表現出色，1751年在攻佔阿爾果德的戰役和1752年解救被圍困的特里奇諾波利要塞的戰役中起了決定作用。

11　詹姆斯・沃爾夫(James Wolfe, 1727–1759)曾在歐洲戰場作戰，後被任命為司令官派到北美戰場，主要與法國爭奪那裏的殖民地，比如魁北克。戰爭有勝有負，他於1759戰死在亞伯拉罕平原上。

最後一個，況且他也不是屢戰屢勝。但是，勝利的到來解決了戰爭的一切問題，至少在不得不進行和平談判之前是如此。在奇跡迭出的1759年以前，也即在西印度群島和北美洲的形勢徹底改變之前，皮特與紐卡斯爾的聯盟已瀕臨瓦解。皮特施行的政策令他那些托利黨支持者深感惶恐，他們在不斷談論要放棄對他的支持，而他的同盟紐卡斯爾則不斷威脅說要甩掉一個花錢如流水、付出昂貴代價卻常換來敗績的同僚。而在1759年所有這些問題都被化解了。

七年戰爭有如此運氣的結局不應全都歸功於皮特，但是在兩個重要方面他所贏得的歷史聲望似乎是當之無愧的。即使說皮特的人氣被誇大了，但他在改變18世紀政治的性質方面所起的作用不管怎樣說都很重要。18世紀50年代中期，已有的政治模式顯然在破裂。托利主義遭排斥的狀況和輝格家族在狹小圈子內維持對任命權的控制都沒有持續很久。皮特至少帶來了一種與老式政治決裂的希望，特別是在大都市，他在那裏聯繫深廣，擁有一批真正的民眾選民。同樣，作為一名戰爭領袖，他確實具有一種當時任何對手都不具備的重要品質。沒有這一品質，戰爭不可能得以繼續，更別說最終獲勝。這種品質就是政治勇氣以及與其相伴的近乎輕率自大的自信。這種勇氣為其他更有能力和更審慎的人提供了一個他們需要的道德基礎，由此而去戰鬥並贏得輝煌勝利。就在老輝格黨領

袖紐卡斯爾和福克斯明顯張皇失措的時候，皮特對自己領導才能的信心成了關乎戰爭何去何從的一個關鍵要素。如果政治殊榮歸根結底屬那些甘冒一切風險的人，那麼至少在這個意義上，皮特理應得到這份殊榮。

托利黨人的重返

不論皮特成就的性質如何，他那些有爭議的活動已為隨後不久發生的戲劇性事件拉開了序幕。18世紀60年代政治性質的改變將永遠與新國王喬治三世及其最不安分的臣民之一，約翰‧威爾克斯聯繫在一起。就國王來說，這些年將會證明是極其痛苦的。然而，喬治三世所做的多半是順理成章地將其祖父統治時期的趨勢推向頂點。他決意廢除老的黨派區別的所謂變革決心尤其突出地體現了這一點。這種區別實際上已經由於威爾士親王弗雷德里克和皮特成功地吸納了一些托利黨人來任職而被削弱。1760年時的黨派區別更多的是一種論調而沒有甚麼實質內容，不情願或勉強的寬容態度已不存在，取而代之的是對老托利黨人能夠參與新政權而懷有的一種心照不宣的自豪感。朝廷張開臂膀歡迎托利黨人歸來，並明智地授予他們官位、榮譽和貴族頭銜。在各郡，他們重又掌握了過去十年中不曾問津的治安官職權。在中部各郡，這些治安官職位再一次變得好像是為鄉紳而設的，其中許多

是老托利黨人，甚至是老保王黨人。

　　一個令人敬畏的托利黨人獲授特殊的地位。當時的文壇巨匠約翰遜博士頗受新政權的嘉許和賞識，1762年時他從比特伯爵[12]那裏獲得一筆年金。他重新被政府接納一事不乏諷刺。18世紀30年代裏，約翰遜曾寫過尖刻的愛國檄文，抨擊沃波爾在加勒比的親西班牙政策以及英國在那裏宣稱的權利。現在，在新國王統治下，他將揮筆書寫一篇同樣鏗鏘有力且更令人信服的文章，為英國宣稱福克蘭群島歸自己所有後喬治三世對西班牙所採取的所謂綏靖政策辯護。約翰遜將這些島嶼描述成「淒涼陰鬱的荒涼之地，是被人類遺棄的島嶼，冬天多風暴，夏天荒涼貧瘠。」然而，在英國外交政策史中，福克蘭群島的問題並未就此完結。

　　約翰遜這種個人變化的意義，從牛津大學建制史的變化中體現得更加鮮明。46年以來，牛津大學一直是感傷懷舊的詹姆士二世黨人的大本營和神殿，由於幾代輝格黨教士相繼把持著有名有利的職位，它一直在政治上受到冷遇。漢諾威王朝初期英國教會的執教人員通常是由劍橋大學或牛津的一些很小的輝格黨學院培養的。在新的統治時期，哪所大學得以揚眉吐氣重返朝廷的懷抱，是毫無疑問的。最奇怪的是，牛津

12　約翰‧斯圖亞特‧比特(John Stuart Bute, 1713–1792)是威爾士親王的好友，當親王繼位成為喬治三世後比特被任命為重臣，後接替皮特的首相職位。

大學曾為政府，甚至早期漢諾威政府，培養出了不止一名首相。但是，佩勒姆卻幾乎沒有阻攔其兄弟將教會的庇護權給予劍橋大學，而皮特曾一度很不光彩地利用了自己母校牛津大學的詹姆士二世黨人協會。在喬治三世統治下，牛津大學終於有了首相諾思，他同時也是牛津大學的名譽校長，他恰好能代表保王黨郡縣中那些老托利黨家族。

如果說托利黨人重返朝廷並不讓人吃驚，那麼喬治三世的其他新措施恐怕也就不足為奇了。新政權一開始是懷了良好意圖和崇高願望的。任何以為新的「愛國君主」可能會力圖加強王室特權的想法很快便被擊碎。《王位繼承法》(*The Demise of the Crown Act*)規定法官不得像過去那樣在君主死後辭職，這樣就消除了對國王可能利用自己的法定權利清除輝格黨把持的司法機構的一切疑慮。同時，《王室費法案》(*The Civil List Act*)規定要嚴格控制王室每年80萬英鎊的津貼。這與撥給喬治二世的津貼相同，但是有重要的補充條款規定王室費的任何盈餘今後將歸財政部而非國王。隨着通貨膨脹的出現，這項規定嚴重限制了國王應付日趨增加的宮廷開支的能力，並不無嘲諷地成為國王為愛國所作出的極其得不償失的讓步。這是真正繼承了威爾士親王弗雷德里克領導的萊斯特下議院派的傳統——它不是一個要創建一種新的仁慈的專制統治的花哨計劃，而是對國王的特權進一步予以了限制。

和平

　　然而，這些與新政權所面臨的頭等大事，即和平問題，比起來就顯得微不足道了。老閣員皮特和紐卡斯爾都相繼辭職。皮特於1761年辭職，因為喬治三世和比特拒絕聽從他力主將戰事擴展到西班牙的主張；紐卡斯爾則因反對達成的和平條件於第二年辭職。但事後看來，他們所闡述的多數論據都無足輕重。如果不將戰爭中獲得的一部分利益歸還波旁王朝，就不可能獲得和平。將主要的法屬西印度群島歸還法國以及保留法國在加拿大水域的捕魚權等讓步並不過分。皮特和紐卡斯爾在1762年那種外交局勢中，如果不想繼續激戰下去，恐怕也得作出同樣的讓步。

　　此外，那些年軍事上雖取得了巨大的成功，但卻付出了沉重的經濟代價，到1761年時已開始引發普遍的惶恐。反對將戰爭繼續下去的呼聲非常強烈，反復地出現在報紙和小冊子中，伊斯雷爾·摩迪特[13]在《德國戰爭思考》中率先發出呼籲。把戰爭進行到底將導致破產；而且戰爭的目標是繼續獲得腓特烈大帝[14]

13　伊斯雷爾·摩迪特(Israel Mauduit, 1708–1787)，著名的非國教牧師，在政治上十分活躍。

14　腓特烈大帝(Frederick the Great, 1712–1786)，普魯士國王(1740–1786在位)。在七年戰爭中他與奧地利、法國和俄國交戰，只有英國是他的同盟。後來仰慕他的俄國彼得三世及時登基並退出戰爭，他才取得了勝利，普魯士也成為歐洲軍事力量最強的國家。

圖9　王室的輝煌。(上圖)：佐法尼所畫的王室家族，既描繪了新國王喬治三世作為君主的自信，也展示了18世紀60年代帶有些戲劇性的新古典主義。新國王不怕與他的斯圖亞特家族祖先進行比較，正如他那凡‧戴克服飾所表明的那樣。詹姆士二世黨人的威脅已過去，可以放心地用查理一世的魅力來頌揚漢諾威血統。(右圖)：比特伯爵作為王室寵臣的角色使他倍受報刊的中傷。這幅1767年的漫畫採用了18世紀刻畫首相們常用的「巨人」形象，但同時也明確將比特的成功歸因於欺騙(他利用了王室的影響力)和色欲(據說他曾勾引國王的母親，威爾士親王的遺孀)。

的支持並取得更多的殖民地，這似乎沒有太大的價值。喬治三世和比特過多地放棄了一些本不需放棄的東西，尤其是在與西班牙達成的條件方面，其中的部分原因可能是考慮到這場戰爭無論多輝煌畢竟不是他們的戰爭，另外還可能因為要急於儘快講和。但從本

質上講，他們謀求和平的舉措是謹慎合理的，得到議
會和公眾輿論壓倒多數的支持。

個人仇恨

　　既然如此，為甚麼新政權還引起如此爭議？這可
能主要是因為新政府中的掌權者在他們本來並無害的

活動中夾雜了對註定要製造麻煩的舊政權的某種個人敵意。喬治三世選擇他先前的家庭教師比特伯爵來實行改革。比特是一名熱愛知識、但經驗和技巧並不足的蘇格蘭貴族。他在教誨年輕國王為將來的統治做準備時，教授的技巧多半較天真而不夠狡詐。當時既不存在反對自由和憲制的重大陰謀，也沒有要推行一種新獨裁制度的決心。但是，新國王和他的首相無疑對喬治二世統治時期獨霸大權的那些人存有根深蒂固的憎恨，而且即使不是堅決要棄他們不用，起碼也已準備好要隨時剔除他們，甚至要羞辱他們。被認為在1757年時背叛了王子的朝廷的「黑心」皮特更是遭到了公然仇視，所以很難想像皮特和比特如何能在新局勢下合作。不過，皮特是個妄自尊大之人，只有聖人才能與其長久合作。

大的輝格黨家族是另一個問題。他們的社會地位、份量以及承襲來的重要聲望都會使他們成為危險的敵人。他們無疑會有些居高臨下地對待新國王。卡文迪什這樣的家族[15]喜歡把自己視為國王的擁立者，對於他們來說，漢諾威選帝侯至多是同輩之冠。紐卡斯爾在執政一輩子後，當然希望自己的建議能被一個主要以腿部線條優美和庇護植物學家著稱的無用的學

---

15 卡文迪什家族（the Cavendishes）大約指的是紐卡斯爾公爵（第一），即威廉・卡文迪什（1593?–1676）的後人。威廉・卡文迪什是清教革命中的保王黨。查理一世失敗後他逃往歐洲。1660年復辟時，隨查理二世一道回國。

究式蘇格蘭貴族認真採納，這也是有情可原。簡言之，新政權有充分理由謹慎行事，而且尤其有理由確保盡可能順利地由舊政治過渡到新政治。

但這絕不是沒有問題的。輝格黨的「老骨幹人員」很清楚比特的要求必然得到准許。由於缺乏一個極富個性魅力的領袖，他們當中的多數人還是願意在新政府管理下繼續效力。其中的典型人物就是諾思。他是紐卡斯爾公爵的表親，未來的首相，在新統治時期只是被動地效力於喬治三世的宮廷。即使是那些資深人士，他們雖認為自己是新秩序的受害者，也不願對之宣戰。哈德威克伯爵[16]是輝格黨律師中資格最老的，而且曾是佩勒姆政府的台柱之一，他也只是為自己的朋友們爭取不辱體面的條款，以及為自己的家族尋求繼續在朝廷任職的待遇。

在這種背景下，比特和喬治三世[17]將紐卡斯爾及其朋友驅逐出政府的做法很不明智。他們這樣做，表面上是借了1762年春的和平條件的名義，結果卻製造了現代英國政治中最持久的仇恨之一。

如果新計劃真成功了，那麼疏遠舊的政界領導人物的代價也許是值得的。但結果是，在陷自己輔佐的年輕國王於勁敵包圍之後，比特本人上臺僅一年後便

16　菲利普·哈德威克(Philip Hardwicke, 1690–1764)1737–1756年間任大法官，積極支持鎮壓詹姆士二世黨人。

17　英文是「喬治二世」，可能是印刷錯誤。

決定辭職，傲慢地打算從普通議員席上，或不如說（就像必然被認為的那樣）想從幕後，操縱事務。所以，他除了愚笨地與老輝格黨家族對抗之外，還極不明智地授之以自己搞陰謀詭計和暗地裏施展影響的把柄，更進一步加強和煽起了他們的敵對情緒。這種敵對情緒以及比特的曖昧之舉共同確立了一種持續了20多年的政治模式。

就短期而言，18世紀60年代見證了不穩定內閣的惡性循環。喬治三世一直想找一位在議事時能與他意向相投而又能領導議會的首相。於是在這個過程中，相繼試用了羅金厄姆侯爵[18]、皮特和格拉夫頓公爵[19]等輝格黨人，但均發現不太令他滿意，直到1770年諾思出現，才成為能夠繼承沃波爾和佩勒姆衣缽的人。通觀這些年經歷的曲折和派性政治，總是有比特從中無關痛癢且成事不足、敗事有餘地插手干預，還有對輝格黨家族的懷疑，以及傳說中關於某種持續的、不正當且秘密存在的影響揮之不去。當埃德蒙·伯克[20]撰

18　查爾斯·羅金厄姆（Charles Rockingham, 1730–1782）是喬治三世時期反對黨輝格黨的領袖。1765年出任聯合政府首相，1782年諾思下臺後他再次出任首相，但沒有等到和平條約簽訂就去世了。

19　奧古斯都·亨利·菲茨羅伊，格拉夫頓公爵（第三）（Augustus Henry FitzRoy, 3rd Duke of Grafton, 1735–1811）於1768–1770年間任首相，是他在任期裏逮捕了威爾克斯。

20　埃德蒙·伯克（Edmund Burke, 1729–1797），出生於愛爾蘭，著有不少政論和文學、文藝理論文章，對政治很投入，持輝格立場。他做過愛爾蘭總領漢密爾頓以及輝格首相羅金厄姆的秘書，為爭取下議院的自

寫《關於當前不滿的原因之思考》（1770）對這個時期的政治進行全面和經典的分析時，正是這種傳說中的影響給了他對新王室及其體制進行系統抨擊的依據。這篇《思考》將作為由輝格黨核准的權威版本進入歷史，後來許多代人也將它視為喬治三世罪行的標準記述。

威爾克斯運動

18世紀60年代還存在其他一些一觸即發的因素。戰爭之後出現嚴重經濟衰退，清楚表明了企業時代的經濟收益分配不均。這個時期發生了一系列激烈的勞資糾紛，在曼徹斯特和紐卡斯爾等主要城市裏造成動盪局面，並可能進一步發展成政治動亂。即使在鄉村，這些年的收成也很糟，物價不斷上漲，物資匱乏現象嚴重。

在這種情況下，約翰·威爾克斯的活動得到了廣泛支持。威爾克斯在歷史上有「和藹可親的無賴」之名，這在某種程度上掩蓋了其政治上的精明和獨到之處。環境和機會主義成就了威爾克斯。他所利用的那些不滿若在十年前恐怕不會產生甚麼影響。通用拘票是漢諾威政府常用的一種手段，憑此可以以政治罪任意逮捕人。當威爾克斯的新聞活動促使喬治三世的大臣們使用這種手段時曾引起大量爭議。皮特和紐卡斯

由、為反對英國對美洲殖民地課稅進行了不懈的鬥爭。

爾當政時也曾使用這一手段，但當時是以詹姆士二世黨人的威脅作為理由，而且是用來針對被放逐的托利黨人而不是針對氣焰正盛的輝格黨人。

同樣地，當1768年威爾克斯作為米德爾塞克斯郡候選人，卻被下議院拒之門外時，也有說得過去的先例和充分的法律論據證明應當將他排除在外，但是米德爾塞克斯郡是個很有名氣的郡，與首都的狂熱政治密切相聯繫，該郡的選民絕不甘心他們被當作一個腐敗選區的一小撮投票者來對待。三年後，威爾克斯及其朋友對下議院所擁有的禁止報刊公開報道其辯論的權利進行了抨擊，這實際上是在抨擊立法機構一直小心護衛的一種陳舊特權。但事實證明在新的氣候下維護這種特權是根本不可行的。

威爾克斯運動的激進分子是些典型的小商人、工匠和手藝人。他們代表最為集中、最勇於直言和最不穩定的「中下階層」。當他們把不滿帶到鄉村時，不僅獲得了擔心選舉權受到威脅的鄉紳們的支持，而且得到了當地各城鎮中與他們地位相同之人的支持。中產階級是他們運動中極其關鍵的因素，這部分人沒有統一的政見，而進行抗議通常不是他們喜愛扮演的政治角色。但是，他們在威爾克斯運動中的作用清楚地表明瞭他們在喬治三世統治時期政治中的重要性。

然而，他們自己只是部分地促成了這種重要性。漢諾威王朝早期的政治遊戲規則已不再適用，不論提

出甚麼先例也無濟於事。因為那些曾覺得這些規則對自己很有利的人，現在認為應當廢棄它們。老輝格黨人願用一切武器來報復喬治三世，他們極力讓民眾反對宮廷的新敵對情緒合法化。沒有統治階級中極有名望人物的這種配合，與威爾克斯有關的民眾動亂就不會顯得那麼重要了。

真正的不列顛人

18世紀60年代發生的事無一能威脅到喬治三世對其王國的控制。然而，作為王國精神支柱的公眾情感方面卻出現了棘手的問題。世紀中葉的戰爭催生了許多歌頌不列顛精神的愛國主義言辭。但是，「統治海洋的大不列顛」在英格蘭很可能被認為是英格蘭而不是不列顛。1707年實現的聯合王國將這個島分為北不列顛和南不列顛[21]。但這種稱謂對邊界以南的人沒有甚麼吸引力。

喬治三世公開炫耀他為自己「代表大不列顛人」而感到榮耀，有些人卻寧願他因英格蘭人的聲譽而自豪。隨着比特及他那群同鄉成為了新愛國主義的主要受益者這一事實變得越來越清楚，對此的憤恨情緒也越來越強烈。蘇格蘭移民在倫敦的商業和職業生活中都是非常優秀的。蘇格蘭大學培養出的許多訓練有素

21　這裏指北部的蘇格蘭和南邊的英格蘭。

的醫生，能夠滿足一個有錢進行保健的新興階層的醫療需要。但是，社會和民族融和的過程並不是毫無痛苦的。威爾克斯派聰明地利用了民粹主義者的反蘇格蘭情緒。威爾克斯本人那動盪起伏的激進活動生涯開始於一份名為《北不列顛人》[22] 的煽動性刊物。對蘇格蘭人的成見在18世紀末期大部分時間仍固執地存在着。直到法國大革命和拿破崙時代的另一段持久戰爭時期，讚頌不列顛精神的言辭才使得這些成見有所緩和，雖然仍沒有徹底將其消除。

反愛爾蘭的情緒也很常見，但只是表現為隨意的傷害和偏見，並沒有發生政治騷動。即使如此，18世紀60年代它也破壞了愛爾蘭政治本身的穩定。在都柏林與在倫敦一樣，目的是要趕走那些長期獨攬大權的人士和家族。但這同時也產生了意想不到的結果，為後來帶來了許多難以駕馭的因素。結果是出現了一些棘手的要求，要求由議會更多地控制愛爾蘭事務，要求獲得更大的貿易自由，以及(並不總是來自相同的聲音)要求給予羅馬天主教徒一定程度的解放。在宗教問題上態度矛盾、但對來自倫敦的管理和統治卻表現出極明顯厭惡的新愛爾蘭民族主義蠢蠢欲動，再加上狂暴的農民動亂，導致了後來英格蘭－愛爾蘭事務中的一場危機。然而，這場危機的誘因並非來自不列顛島內部，而是來自更遙遠的英國的屬地。

22　即蘇格蘭人。

第六章
叛亂和改革

新政權統治的初期由於政治上出現了一些鮮明的特色已是很引人注目。然而，從某種意義上說，這個時期最令人矚目的變化是英國人在海外的角色，特別是對七年戰爭後必然形成的帝國有了新認識。

西方和東方

實現對北美洲的有效霸權是極具誘惑力的。帝國的公務員和大臣們在18世紀60年代初曾沉浸在一陣短暫的海闊天空的設想與規劃中，他們為大洋彼岸的殖民地設計了一個嶄新而美好的未來。魁北克盛產魚蝦和皮毛，將成為名副其實的豐饒之地。由於增添了加拿大和佛羅里達的新拓居地，北美殖民地將成為一個忠實於英國產品的巨大而廣闊的市場，一個基本原材料的持續來源地，甚至成為國庫收入的一個新來源(這個前景對於一個債務纍纍的宗主國來說十分誘人)。西印度群島被牢牢置於一個受到更有效監控的商業體系中，它會讓當時日益繁榮的奴隸貿易利潤最大化，保

圖10 小皮特：贊許和反對。表達好感的肖像畫(上圖)的作者是庚斯博羅，表達反感的漫畫(右圖)由吉爾雷創作。將第二幅畫與第36–37頁的漫畫比較可以看出，政治漫畫自沃波爾時代以來取得了多麼大的進步。

證熱帶產品源源不斷的供應，並成為商業入侵西班牙
帝國的重要基礎。

在東方，出現了更加壯觀更加激動人心的前景。
自克萊武於1757年在普拉西取得勝利後，不列顛成為
次大陸上頭號歐洲強國。嚴格説來，英國在東印度群
島沒有殖民地。但事實上，從此時起，英國的東印度
公司已經無可避免地參與到了實際的拓殖活動中。在

圖11 父與子。喬治三世與兒子之間的反差比其他漢諾威王朝的父子要更明顯。國王與他的妻子(上圖)為吉爾雷提供了一種穩重樸素的家庭生活的樣板；在這幅畫中，他們正在前往他們所喜愛的溫莎，他們的舉止更像是從市場歸來的一個農夫和他的老婆。而喬治親王(右圖)卻相反，不僅行為放蕩，政治上更是企圖顛覆破壞；畫中描繪的是1785年他與菲茨赫伯特夫人婚後的早晨，這次未經准許的婚姻沒能被隱瞞住。

這方面，1765年與普拉西之戰一樣，是個重要的里程碑，儘管它是普拉西戰役之後的必然結果，克萊武在這一年正式代表該公司接受孟加拉的迪瓦尼(即土地稅)，由此開始對該地進行直接的政治控制，而不再只是進行商業活動。

這些事件改變了英國人對印度的看法。新領地充滿異國情調，而且讓人們見識了一種先前不被欣賞的文化，這些特點讓新帝國的影響顯得格外有力。弗朗

西斯・海曼[1]的巨幅肖像畫較早地表現了這種影響，畫中描繪了克萊武接受當地王公臣服的場面，這幅畫於1765年被立在萊內拉這個當時上流社會出入的娛樂之地。亞洲奇珍異品的進口量劇增，人們第一次因瞭解而開始對印度社會產生了某種真正的興趣。

從其他方面來看，在東方取得新領地的過程可沒那麼文明高雅和浪漫動人。在1768年大選中，新聞突出報道的是一些選區中出現了一批從東印度公司退職回來的人，他們利用據說是以不正當手段斂取的財富

1　弗朗西斯・海曼(Francis Hayman, 1708–1776)，英國著名畫家，以肖像畫、公共場所裝飾畫等作品知名。他在作品中引入了法國的洛可可風格。

來買通進入議會之路。「在印度發財的人」回來了。他們的影響，以及他們的違法和罪惡行為總是被誇大。其實，他們大體上與西印度群島的種植園主、「土耳其商人」、「財界人物」以及讓缺乏「多樣化」生財之道的老式家族憎恨的其他擁有非常規收益的人沒有差別。但是，他們的出現必然引起強烈的好奇並最終引起廣泛的關注。

克萊武本人就是貪婪的「印度發財歸來者」的化身。他在東印度公司供職期間不擇手段地大肆斂取個人財富，極典型地代表了整整一個階層的人，他們把帝國作為迅速牟取財富，哪怕是罪惡財富的手段。誘惑似乎不只限於印度。在得到孟加拉的迪瓦尼後出現了瘋狂投機買賣東印度公司股票的情形，導致該公司不斷發生財務危機，而且政府對其活動的關注也在不斷加強，這一切都使東印度政治的複雜性和腐敗頻現的特點暴露在眾目睽睽之下。

美洲戰爭

美洲方面沒有出現發財歸來的人這類問題，但是美洲殖民地的維持和擴張造成的經濟和政治問題甚至比在東方擴張的後果更大，而且其後續的影響更廣泛。英國的大臣們非常清楚他們大洋彼岸那些臣民的價值，但他們沒有意識到在倫敦的干預問題上，這

十三個殖民地在一定程度上已經形成了一種獨立態度。而且，他們也沒弄明白那群大約只有250萬人的遙遠、富足、機智的移民有多大的能力來阻擋和抵制帝國的力量。結果導致在十年內英美關係危機不斷，首先是1765年的《印花稅法》，令美洲殖民地人民發出「無代表，不納稅」[2]的抗議，並逐步升級，最終在1775年爆發叛亂和戰爭。

從英國的立場出發，即使在兩個世紀後，也很難確定問題歸根結底出在哪裏。到1775年，戰後大臣們的多數目標都已被明確或暗暗地放棄。1775年時，即使最樂觀的人也不會認為美洲將成為羅金厄姆侯爵所說的「歲入寶礦」。以武力鎮壓殖民地的代價註定會很昂貴，而且鎮壓的最終結果也同樣難以預料。歐洲的敵人明擺着會把獨立戰爭視為一個重新尋求均勢的機會，借此擺脫七年戰爭給他們造成的不利處境。此外，還有些人不同意把整個美洲戰爭看作是商業法則作用下的必然結果。亞當‧斯密的《國富論》與《獨立宣言》同年發表(而且碰巧與愛德華‧吉本對羅馬帝

2　《印花稅法》：1765年英國議會通過的法律，把英國的印花稅徵收擴大到北美殖民地，要求所有出版物和法律文件都必須蓋印。這引起了北美殖民地人民極大的不滿和各種抵制行動，最後他們召開了專門的《印花稅法》代表大會，發表了文獻聲明，指出既然殖民地在英國議會裏沒有代表，那麼這個議會的一切決議和法令對他們就是無效的。1766年英國議會被迫撤銷了這個法令。

國歷史作出悲觀評價的史書[3] 第一卷同時出版），系統地推翻了帝國發展背後倚賴的經濟理論。

然而，除少數人，即大都市的激進政治家和一些不信奉國教者以外，大多數英國人強烈支持對美洲的戰爭。其中心原則，即維護議會至高無上的權威，自然非常重要，因為這是個倡導該原則的偉大時代。威廉·布萊克斯通[4] 於1765年發表著名的《英國法律評論》，毫不含糊、清楚明白地宣佈了「君臨議會」的無限法律權力；與美洲的衝突可能是其最清晰的表現。此外，事後看來似乎特別有說服力的經濟論點在第一次被提出時幾乎沒產生甚麼影響。對於大多數英國人而言，他們唯一認可的是那個陳舊的重商主義帝國概念。對他們來說，拒絕完全接受議會最高權威的殖民地不僅毫無價值，而且十分危險。即使是許多更富有想像力的頭腦也沒能駁斥失控的帝國比根本沒有帝國更糟這個信念。

這裏，如果要說有的話，可以說是有年代與文化上的差異與衝突。定居美洲的人內心裏維護的是17世紀英國人的權利。對他們而言，抵制印花稅與約翰·

3　《羅馬帝國衰亡史》（*The History of the Decline and Fall of the Roman Empire*, 1776）是愛德華·吉本（Edward Gibbon, 1737–1794）的歷史巨作，共6卷。

4　威廉·布萊克斯通（William Blackstone, 1723–1780），爵士，法學家。他寫了一部四卷本的著作，對英國法律進行評介。

漢普登[5] 反對造船稅的情形是一樣的，一種凌駕於各州議會和地方權利之上的最高權威是不可思議的。而另一方面，英國本土的人卻在利用18世紀的武器，即議會的無上權威，來維護18世紀最珍視的信條之一，即一個商業體制中宗主國的權力是不可分割、不受限制的。於是只有憑武力來決定勝負了。

最終較量的結果是新的合眾國獲勝。在此過程中，戰爭對英國來說是一場災難，遠比1665–1667年第二次荷蘭戰爭以來的任何局面都糟糕。這場戰爭由殖民地叛亂演變成一場反抗波旁君主政體的全面戰爭，且最終引起了與荷蘭的戰爭並與其他列強形成一種「武裝中立」的狀態。1782–1783年的和平談判挽回了部分損失。儘管已無可挽回地失去了十三個殖民地，但1782年，海軍上將羅德尼[6] 在桑特群島取得輝煌勝利，保住了英屬西印度群島，尤其是避免了喬治三世陷入難堪局面，他因此而不必放棄奧利弗·克倫威爾一個世紀前贏得的牙買加這個寶島。在地中海，西班牙企圖重新征服直布羅陀，但被擊退。在印度，沃

5　約翰·漢普登 (John Hampden, 1594–1643)，17世紀反對查理一世的議會領袖之一。1636年他拒付查理強徵的造船稅而被捕。這件事成為引發革命的一個導火索。

6　喬治·羅德尼 (George Rodney, 1719–1792)，男爵，海軍上將，主要在西印度群島一帶的海上與西班牙和法國作戰。在桑特群島 (the Saints) 他擊敗了法國的格拉塞上將，取得了決定性勝利。

倫·黑斯廷斯[7]勇猛地捍衛克萊武取得的領地，擊退了法國的報復和當地王侯的叛亂。

在家門口，英國甚至得更拼命地來維持對愛爾蘭的控制。北美獨立戰爭一方面給愛爾蘭帶來了沉重的經濟和軍事壓力，另一方面也使決心擺脫英國控制的愛爾蘭愛國者獲得了寶貴的時機。1780年，諾思實際上使愛爾蘭商人在帝國經濟中享有了同等的權利。1782年羅金厄姆正式承認愛爾蘭的立法獨立性。在這種情況下，能使愛爾蘭留在帝國內可以被看作是某種勝利。當時的人認為美國獨立好似一粒難以下嚥的藥片，但除了十三個殖民地以外，帝國的大部分仍完好無恙，而且至少避免了戰爭最黑暗時期他們所懼怕的那種徹底的恥辱結局。

會社運動

美洲戰爭給國內帶來的影響比其海外後果幾乎更重大。一場世界戰爭給一個新興工業社會帶來了眾多經濟問題同時也對貿易造成了巨大的限制。在隨後出

7　沃倫·黑斯廷斯(Warren Hastings, 1732–1818)，英國駐英屬印度的第一任總領事(governor general)。他在印度實施了強硬的司法和金融改革，並鎮壓匪盜活動。1784年他辭職返回英國，1787年被國內民主自由派人士指控，埃德蒙·伯克是最激烈的指控者之一。他的案子拖了很久，最後被宣判無罪。在本章後面的「新情感」一節裏提到了對他的審判。

現的經濟衰退中，股票市場和土地價值跌到了多年未見的令人擔憂的低水平。空前的高稅收和迅速增加的國債進一步加劇了金融危機，並造成了嚴重的經濟問題。於是人們對政府、議會以及總的政治體制提出了根本質疑。在接踵而至的混亂局面中，比較保守的勢力，尤其是鄉紳，隨着1779–1780年會社運動的展開也捲入了一場似乎是針對憲制的公開抨擊活動中。各會社在郡縣、首都以及外省城市都獲得了廣泛支持，他們要求改革的呼聲超過了威爾克斯運動之外的一切狂熱的激進分子。約克郡的牧師及鄉紳克里斯托弗·維威爾[8]幾乎成為這場運動在全國範圍內的領袖，但他本人不算是那種激進分子。不過，他要求消除有名無實的選區，要求擴大公民權以及要求推行不記名投票等，這些在當時都頗具前瞻性。此外，會社運動傳遞出了某種信息，或者說是由大都市的煽動者嘴裏傳達出了某種暗示，如約翰·傑布[9]和卡特賴特少校[10]在言談中都明確表示，如果議會抵制改革，就應被郡代表們替代。

8　克里斯托弗·維威爾(Christopher Wyvill, 1740–1822)，約克郡牧師。他於1779年發起成立了約克郡會社，並召集會議向政府提出抗議，引發了全國範圍內郡縣的會社運動。

9　約翰·傑布(John Jebb, 1736–1786)的身份很多。他曾是劍橋的教師、學者，後又進入教會，成為非國教牧師。他還是作家和社會改革者，觀點十分激進。

10　約翰·卡特賴特(John Cartwright, 1740–1824)曾在海軍中任職，是個改革者，主張給所有男性以選舉權，倡議廢除奴隸制，要求進行議會和軍隊改革。

圖12 文明教化的使命。儘管聯合王國這種形式是成功的，蘇格蘭人在英格蘭仍然遭遇不少敵意。這幅畫最初發表於1745年詹姆士叛亂時，後來又多次被複製，它描繪的是一個蘇格蘭人不熟悉倫敦的公共廁所。

　　當時對這種新現象充滿極度恐懼。事後看來，會社運動的氣勢和廣度確實驚人。不少人認為它幾乎促成了英國的改革，使得其可能性比隨後50年中任何時

候都更大。當該運動1780年達到頂峰時，在全國範圍內就改革問題達成了程度不凡的共識。這時候，甚至下議院也不顧政府內外那些既得利益集團的壓力，通過了一項決議，宣稱「國王的影響力有所增大，並在不斷增強，應當予以削弱」。這成為了隨後近五年之久的激烈政治爭論和持續思想衝突開始的信號。

那麼，為甚麼會社運動沒能完成其任務？當1782年諾思讓位而由輝格黨短暫執政時，伯克及其同僚設法對議會進行了幾項改革，撤掉了一些名聲不好的掛名職位，並規定要更加仔細地審查國王的經費。但事實上，議會改革困難重重。即使當小皮特於1783年獲得最高執政權以及議會中的財政部官員經首相批准正式提出了改革建議時，它並沒有獲得議會中多數人的支持。

這在很大程度上與會社運動興起的環境有關。當時進行徹底改革的熱情有限，而且主要局限於善於發表意見的人和城市居民中。有時聲響雖超乎尋常的大，但真正得到的支持，即使在城市資產階級中也很有限。18世紀的議會，不論其在選舉方面有多少缺陷，對小資產者和中產階級的要求還是非常敏感的。許多法律都以他們的商業和產業利益為目標。還有更多的法律賦予了他們在各自地區的諸多權力，使他們能夠控制各種法定機構，從收稅路和運河托拉斯到改良委員會和執行濟貧法的團體。對於那些受益人來說，進行議會改革的理由看上去很不充分。

會社運動源於一場全國危機，在此期間，對現有政治的任何系統批評都會引起關注。改革者針對朝廷體制的浪費和低效發出的大聲抗議似乎特別合情合理。30年後也因為相同的原因又出現了相同的現象，由於與拿破崙一世的戰爭開支巨大，引起經濟危機，激起了類似的抗議。但是這些狀況沒有持續很久，對改革的興趣也大多隨着這些狀況的結束而消失。到18世紀80年代中期，人們日益感到商業在復蘇，財政狀況在恢復，這都是小皮特的政策發揮了效力。繁榮比任何爭論都更有效地消除了激發改革的因素。

另一個要考慮的因素是，人們普遍對極端分子的舉措越來越感到擔憂。改革運動的狂熱分子似乎不只是指責朝廷的腐敗政治，而且還質疑背後支撐它的憲法框架，甚至抨擊有產階級本身。在早期改革運動的論着中已經可以看見後來「人權派」的影子。按照後來的標準，像理查德·普賴斯[11]和約瑟夫·普里斯特利[12]這樣的人其實都算是相當溫和的。但是，他們所挑戰的是他們那個時代一些最頑固的看法和很習以為常的思想，因此要攻破他們與邊遠地區貴族和外省商人的脆弱聯盟幾乎不費吹灰之力。

11　理查德·普賴斯(Richard Price, 1723–1791)，非國教牧師，富蘭克林的好友，支持北美獨立和法國革命。

12　約瑟夫·普里斯特利(Joseph Priestley, 1733–1804)，長老會教派牧師，後轉為一神教派成員。他在政治上很激進，曾在演講中比喻性地表示應該把舊的政體炸毀，並公開支持法國革命。後移民美國。

暴亂和反響

在這種情況下，戈登暴亂尤其具有破壞性。改革者與戈登領導的暴亂者之間並沒有直接聯繫。這些暴亂者在1780年春將倫敦置於自己擺佈之下近一周，並大肆進行謀殺和破壞。他們的行為乃是赤裸裸的宗教偏見，旨在取消1778年在政府和對立派雙方支持下通過的針對羅馬天主教徒的寬大措施。與1753–1754年《猶太法案》的情況一樣，立法機構顯然很容易與民眾的情感脫節。反天主教的領袖喬治·戈登稱自己的運動為新教會社運動，受到驚嚇的有產者很容易將暴亂者與更體面的會社會員的政治活動聯繫起來。隨後數年中在英國出現的有名的保守主義浪潮或許可以上溯至這個時期。

18世紀80年代初期不僅從超議會層面上說是動盪的，而且，這些年還與60年代一樣，政治局面極其不穩定。這也是改革失敗的一個因素。1782年以前，議會中的改革者鬆散地聚集在兩個主要輝格黨集團周圍，即羅金厄姆侯爵一派和謝爾本伯爵[13]一派。這兩個得到認可的派別分別代表輝格黨主張的不同傳統，羅金厄姆一派的傳統可以追溯至紐卡斯爾和老輝格黨

13　威廉·謝爾本(William Shelburne, 1737–1805)，伯爵，曾任國務卿。他於1782年任首相，美國在他任期內獲得獨立。1783年他被托利和輝格連手整下臺。

家族，而謝爾本一派的傳統則可以上溯至老皮特。每一派中最有前途的人才也是家喻戶曉的人物。查爾斯·詹姆斯·福克斯[14]是羅金厄姆派最激進的支持者之一，也是這一派中最得人心的。他是老皮特的一個對手亨利·福克斯的兒子，在新的統治時期曾是比特伯爵短暫利用的工具。在謝爾本派中有小皮特——用伯克的話說，他不只是「酷似父親的兒子」，而簡直就是「他父親的再現」。這兩人都是真正的改革者，似乎都能給一個已經倦怠但仍然樂觀的時代提供一條全新之道，並且都使人們看到了迎來新領導人的希望，一改此前由那些曾在美洲戰爭中決策失當而名譽掃地的人所維持的政治現狀。

不幸的是，他們兩人成了對手而不是同盟，這也許是不可避免的。在諾思首相1782年辭職後的複雜、嚴峻政治環境中，事實證明他們之間的敵意事關重大。福克斯主動採取行動，企圖全面控制內閣，而國王對由這樣一個令他討厭的人獨攬大權感到厭惡。在1782年夏羅金厄姆死後發生的鬥爭中，福克斯採取的手段是與他的舊敵諾思結成骯髒的聯盟。這個聯盟令人極其惱火並遭到普遍蔑視，但在福克斯看來，通過

---

14 查爾斯·詹姆斯·福克斯(Charles James Fox, 1749–1806)，政客，特別擅長演講。他在諾思手下得到重用，推進議會改革多年。1774年他被辭退，轉而反對諾思，四處講演攻擊諾思的對美政策。謝爾本上臺後他又與諾思聯合，以保證擊敗謝爾本。

圖13 文明教化的使命。對南太平洋的探索引起了公眾的廣泛興趣，給予
　　了人們更多機會去釋放他們那略帶好色色彩的對高貴野蠻人的狂熱
　　崇拜，如G. 濟慈的《帛琉群島記述》(1788) 中的這些插圖所描繪
　　的一樣。Lee Boo (上圖) 被當作一個奇特罕見人物在英格蘭展出，
　　而且被當作一個活的教育實驗品；這一實驗尚未持續6個月，Lee
　　Boo便死於天花。Ludee（右圖）留在她那天堂般的島嶼上，但作為
　　土著美人的典範，她也同樣很有啟發意義。

它能夠控制下議院，並由此控制政府，這似乎太重要了，足以讓他忽略言行需要前後一致這一點。

　　但是，福克斯的邏輯還是存有缺陷。他的內閣，即臭名昭著的福克斯－諾思聯盟，沒有持續多久。國王本人對此強烈反對，並有步驟地籌劃將其摧毀。皮特也強烈反對，他不想依附福克斯，而且由衷厭惡諾思。當福克斯熱切地提議徹底重組東印度公司時，他實際上是斷送了自己的政治前程，因為在這個問題上皮特和國王可以提請國民公斷解散議會。喬治三世授意上議院否決《印度草案》，之後皮特受命執政，1784年春季宣佈舉行大選。

　　結果可想而知。福克斯全面受挫，不只是在財政部可以施加影響的範圍內，而且在公眾輿論相當重要、民眾明顯厭惡他的更廣泛和更開放的選區範圍內。事態平息之後，皮特穩穩坐上首相之位，輝格黨被徹底挫敗。最重要的是，人們期望福克斯與皮特能夠結成聯盟反對喬治三世和諾思，實現眾盼的改革，但這種期望被葬送了，似乎被福克斯這個「人民寵兒」不負責任的嘩眾取寵行為所扼殺了。

經濟和行政改革

　　也許改革無論如何都行不通。皮特曾按照他年輕時的意向，提出過一項改革動議，但他知道沒有國王

的支持那是不會成功的，作為首相的皮特對激進政治活動沒有甚麼興趣。他證明了自己是個改革者，但改革不能觸及影響教會和國家體制的問題。「經濟改革者們」就減少朝廷腐敗和浪費現象提出的許多要求都將在皮特執政時期得到落實。而且，在他指導下，英國極其躊躇不決地向自由貿易邁出了第一步，其中突出的事件便是1787年與法國簽署了商業條約。

棘手的帝國問題也得到了謹慎而富有創見的處理。愛爾蘭人已經獲得了一定程度的地方自治。要不是英格蘭中部地區和蘭開夏郡的生產商反對，皮特會給予愛爾蘭與母親國同等的商業機會，以確保他們的忠誠。由於他沒能這樣做，英格蘭和愛爾蘭的關係便陷入一種模棱兩可和不確定的狀態。《東印度公司法案》最終使政府在東印度公司的事務上，至少在不專門涉及貿易的事務上有了決定權，從而使得印度這個英國政治中的一個主要問題得以解決。美洲戰爭後，反對獨立的親英殖民者流入加拿大，此間魁北克面臨着難以處理的「種族」問題，在這種形勢下，1791年英國給加拿大立了一項法案，[15] 儘管不易維持，但仍持續到了1867年。

皮特的至高地位在許多方面顯得非常傳統。從根本上他受惠於朝廷並得到國王的支持。他於1784年獲

---

15 即1791年的《加拿大法》，把加拿大分為上加拿大和下加拿大，前者是英國人的定居地，後者是法國人的居住點。

得的勝利，就像丹比或森德蘭們所斬獲的，也同樣可以看作是國王的勝利。皮特的對立派似乎也很傳統。福克斯在很大程度上依賴王位繼承人，即未來的喬治四世，而這個未來的國王在政治、財政和性關係方面嘩眾取寵的行為與他之前任何王位繼承人的行為一樣令國王感到失望之極。

但是，在其他方面，皮特和他的活動體現了那幾年的改變。當時正值大量觀念發生變化之時，他所進行的行政和經濟改革很容易被當作當時的政治保守主義。儘管已可看到功利主義這一啟蒙運動思想最興盛的產物，傑里米·邊沁[16]和哲學激進主義者此時尚未在實用政治方面取得巨大突破，不過他們所帶來的或採用的風格已經隨處可見，正如福音主義的宗教影響一樣。

新情感

這個時期真正具有影響的改革恰恰是那些道德、仁愛和實用主義方面符合福音派觀念的「改善和進步」。約翰·霍華德[17]於18世紀70和80年代中進行了

---

16 傑里米·邊沁(Jeremy Bentham, 1748–1832)，英國功利主義思想的代表。他系統地闡述了功利的政治和倫理理論，反映了資產階級的實用主義世界觀。

17 約翰·霍華德(John Howard, 1726–1790)，英國監獄改革的推動者。他在改善監獄的衛生狀況和人道主義管理方面取得的成績在歐洲和美國都有影響。

著名的監獄改革運動。用伯克的話說，霍華德的「發現之旅」或「慈善環航」有力地促進了他所察看和描述過的慈善機構的改造工作。在這個積極進取的時代還湧現出許多主日學校，並且各處都在踴躍地成立由神職人員監督的互濟會。下層階級的傳統娛樂活動，特別是諸如鬥雞和縱狗咬牛等殘忍虐待動物的活動，越來越受到社會上層人士的指責和監督。

　　對帝國責任的態度也發生了顯著變化。伯克反對英屬印度的救星沃倫·黑斯廷斯的運動曠日持久。儘管黑斯廷斯對某些指控顯然負有罪責，但對他的彈劾仍然失敗了。[18] 不論有無獲罪，黑斯廷斯都可以被視為公眾道德標準變化的犧牲品。克萊武那類人原先還可能得到寬恕，而現在卻不再被容忍。殖民地人民的待遇在宗主國不再是無足輕重的問題。從北美印第安人到庫克船長的南海島民，對這些「未開化」民族的興趣，就像伯克為那些更文明更進步但同樣被征服的亞洲人感到的憤慨那樣，都表明了當時的人們對帝國受害者的境況懷有一種浪漫主義色彩的新情感。這種新情感首先發難的目標當然是最臭名昭著的奴隸貿易。雖然格蘭維爾·夏普[19] 在18世紀70年代最初幾年

18　伯克曾就英國與印度的關係發表過一系列講演和文章，其中最有名的是涉及黑斯廷斯案件的文章。他對東印度公司盤剝印度人民提出了異議，呼籲公正執法。

19　格蘭維爾·夏普（Granville Sharp, 1735–1813），改革家和學者，主張廢除奴隸制度。

以及威廉·威爾伯福斯[20]在80年代領導的運動要等到多年後才能最終取得成功，但在此期間一直不斷有勝利。1772年的詹姆斯·薩莫塞特[21]案中，一名被西印度群島種植園主帶到倫敦的黑奴獲得了自由，理由是英國沒有法律授權准許「奴役這種高度支配的行為」。這一判決的社會效應遠遠超過了其法律意義，但它所引起的關注卻體現了18世紀末期思想的精髓，即強調人人平等、宗教救贖和政治保守主義。威爾伯福斯及其同伴是教會和國家當權派的堅定捍衛者，對激進政治完全不感興趣。在這方面，他們表現出新工業時代英國的商業階級那種嚴肅認真的福音派熱情。不論這種政治體制被認為多麼不具代表性，但威爾伯福斯的朋友皮特正是這些階級的最好代表。而且，也正是他們對財產權益出於本能的堅決維護，加上積極的商業進取心和極其嚴肅認真的道德觀念在後來把美洲戰爭後的英國帶入了法國大革命時代。

20　威廉·威爾伯福斯(William Wilberforce, 1759–1833)，下議院議員，人道主義者。他是皮特的支持者，後受福音教派影響，在議會中領導反對販賣奴隸運動達20年。

21　詹姆斯·薩莫塞特(James Sommersett)是1771年從美洲弗吉尼亞被帶到英國的奴隸，從主人那裏逃走後被抓回來並押上開往牙買加的船。這個案子上了法庭，大法官曼斯菲爾德判定他的主人無權強迫一個奴隸去外國。薩莫塞特因此獲得自由。這個名字在網上拼寫為Somerset。

第七章
結束語

　　1688年革命過去一個世紀後，有人想紀念其一百周年，當然對於某些相關者來說，「紀念」一詞不完全準確。18世紀80年代初期改革運動的失敗使其擁護者陷入一種理想破滅的精神狀態。不信奉國教者再次試圖取消《宗教考查法》和《市鎮社團法》，但在議會中受到重挫。1788年喬治三世出現明顯精神錯亂，輝格黨想乘機在其子攝政王統治下組建新政府。但是，國王於1789年康復，使皮特的內閣得到保全，讓全國上下感到寬慰，令該政權的反對派十分氣餒。有些人認為喬治三世和皮特1784年的勝利使憲制時鐘倒退回了查理二世時代，因此他們覺得沒甚麼理由為革命一百周年感到高興，倒是有很多理由為其遭背叛感到悲哀。

　　維護該政權的人更願意讚揚其近期的成就，而不願去搜尋17世紀的先例。18世紀80年代經濟增長的速度令那些將喪失十三個殖民地視為英國繁榮之喪鐘的人感到困惑。自1783年起，聯合王國在歐洲大陸和海外的外交聲望和影響都顯著恢復。1788和1789年法國

事態的驚人發展表明，這個英國長期以來的敵人和對手，即使不消亡，至少也會傷筋動骨，元氣大傷。一個控制世界貿易和版圖的帝國重新煥發了活力。

許多外國觀察者和訪問者都對英國印象深刻，認為它是18世紀國家中的奇跡。對權力與財富的傳統分析無法解釋其成功。當時國際上的多數成功都與統治者的性格或政府體制的特點有關。英國的幾代喬治幾乎無法與路易十四或腓特烈二世[1]相比。英國靠其國債，及其顯然無窮盡的自我借貸能力證明了其作為一部戰爭機器的威力。但它缺乏歐洲大陸軍事國家所擁有的大部分軍力，並且曾在此前那個世紀與自己的臣民發生齟齬時在較量中失利。從任何外部標準來看，其新聞都非常自由。總體說，人身自由方面英國遠遠超過了其他地方。宗教自由和寬容具有比其他多數社會更久遠和更穩固的基礎。國家的慈善機構得到了，如果不能說是普遍的，至少也是廣泛的支持。所有這些都表明，英國不是一個高度軍事化、君主專制或官僚國家，而是一個充滿自信的私有制政體，雖然有些自負。

在法國大革命前夕幾乎感覺不到這場革命預示着甚麼。外國人以及不列顛人很容易把大不列顛群島視為一個新式而現代之地，集經濟增長、政治成熟及帝國力量於一身，其規模非其他國家能比。與一個世紀

1　即腓特烈大帝。

前的路易十四相比，路易十六遭到的羞辱只會更加突出英國取得的明顯進步，巴士底的廢墟鮮明地襯托出溫莎的輝煌。1689年時不安全感是英國國內最顯著的特徵之一，而1789年時則幾乎沒有了這種跡象。

推薦閱讀書目

This list identifies 50 titles, selected not only to provide authoritative introductions to major topics, but also to permit the reader to sample some of the best of modern research on the period.

General

L. Colley, *Britons: Forging the Nation, 1707–1837* (New Haven CT, 1992).

S. J. Connolly, *Religion, Law and Power: The Making of Protestant Ireland* (London, 1992).

T. M. Devine, *The Scottish Nation, 1700–2000* (London, 1999).

R. F. Foster, *Modern Ireland* (London, 1988).

G. H. Jenkins, *The Foundations of Modern Wales, 1642–1780* (Oxford, 1987).

P. Langford, *A Polite and Commercial People: England 1727–1783, New Oxford History of England* (Oxford, 1989).

R. B. McDowell, *Ireland in the Age of Imperialism and Revolution 1760–1801* (Oxford, 1979).

F. O'Gorman, *The Long Eighteenth Century: British Political and Social History 1688–1832* (London, 1997).

W. Prest, *Albion Ascendant: English History, 1660–1815* (Oxford, 1998).

T. C. Smout, *A History of the Scottish People, 1560–1830* (London, 1970).

Politics and Government

J. Black, *A System of Ambition: British Foreign Policy, 1660–1793* (London, 1991).

J. Brewer, *The Sinews of Power: War, Money and the English State, 1688–1783* (London, 1989).

J. Cannon, *Parliamentary Reform 1740–1832* (Cambridge, 1982).

I. Christie, *Crisis of Empire* (London, 1976).

H. T. Dickinson, *Liberty and Property: Political Ideology in Eighteenth-Century Britain* (London, 1977).

J. Ehrman, *The Younger Pitt*, 3 vols (London, 1969–96).

F. Harris, *A Passion for Government: The Life of Sarah, Duchess of Marlborough* (Oxford, 1991).

J. R. Jones, *Britain and the World 1649–1815* (London, 1980).

P. Langford, *Public Life and the Propertied Englishman, 1689–1798* (Oxford, 1991).

L. Mitchell, *Charles James Fox* (Oxford, 1992).

F. O'Gorman, *Voters, Patrons, and Parties: The Unreformed Electoral System in Hanoverian England, 1734–1832* (Oxford, 1989).

N. Rogers, *Whigs and Cities: Popular Politics in the Age of Walpole and Pitt* (Oxford, 1989).

W. A. Speck, *Reluctant Revolutionaries* (London, 1989).

P. D. G. Thomas, *Revolution in America: Britain and the Colonies, 1763–1776* (Oxford, 1992).

P. D. G. Thomas, *Lord North* (Oxford, 1976).

P. D. G. Thomas, *John Wilkes: A Friend to Liberty* (Oxford, 1996).

Society and Economy

J. M. Beattie, *Crime and the Courts in England, 1660–1800* (Oxford, 1986).

P. Borsay, *The English Urban Renaissance: Culture and Society in the Eighteenth-Century Provincial Town, 1660–1770* (London, 1989).

J. Cannon, *Aristocratic Century: The Peerage of Eighteenth-Century England* (Cambridge, 1984).

P. Corfield, *Power and the Professions in Britain 1700–1850* (London, 1995).

M. Daunton, *Progress and Poverty: An Economic and Social History of Britain 1700–1850* (Oxford, 1995).

V. Gatrell, *The Hanging Tree: Execution and the English Public,1770–1868* (Oxford, 1994).

D. Hay and N. Rogers, *Eighteenth-Century English Society: Shuttles and Swords* (Oxford, 1997).

P. Hudson, *The Industrial Revolution* (London, 1992).

R. Porter, *English Society in the Eighteenth Century* (London, 1963).

H. D. Rack, *Reasonable Enthusiast: John Wesley and the Rise of Methodism* (Oxford, 1989).

R. Sweet, *The English Town, 1680–1740: Government, Society and Culture* (Harlow, 1999).

E. P. Thompson, *Customs in Common* (London, 1991).

Religion, Ideas, and Culture

J. Brewer, *The Pleasures of the Imagination: England in the Eighteenth Century* (London, 1997).

A. C. Chitnis, *The Scottish Enlightenment: A Social History* (Edinburgh, 1976).

W. Gibson, *Church, State and Society, 1760–1850* (London, 1994).

D. Hempton, *Religion and Political Culture in Britain and Ireland: From the Glorious Revolution to the Decline of Empire* (Cambridge, 1996).

R. W. Malcolmson, *Popular Recreations in English Society, 1700–1850* (Cambridge, 1973).

P. J. Marshall, *The Great Map of Mankind: British Perceptions of the World in the Age of Enlightenment* (London, 1982).

E. G. Rupp, *Religion in England, 1688–1791* (Oxford, 1986).

L. Stone, *The Family, Sex and Marriage in England, 1500–1800* (London, 1977).

K. Thomas, *Man and the Natural World: Changing Attitudes in England, 1500–1800* (London, 1983).

J. Uglow, *Hogarth: A Life and a World* (London, 1997).

M. Watts, *The Dissenters: From the Reformation to the French Revolution* (London, 1978).

A. Vickery, *The Gentleman's Daughter: Women's Lives in Georgian England* (New Haven CT, 1998).

The English Satirical Print1600–1823, 7 vols (Cambridge, 1986).

大事年表

1688年　詹姆士二世之子降生；奧蘭治的威廉入駐；詹姆士二世逃亡，(奧蘭治的)威廉三世和瑪麗即位

1689年　《權利法案》解決了王位繼承問題並宣佈各種不滿為不合法行為；《寬容法》[1] 給予非國教信仰者中信仰三位一體的新教徒一些權利

1690年　博因河戰役：威廉三世擊敗愛爾蘭和法國軍隊

1694年　英格蘭銀行成立；瑪麗女王去世；《三年法案》規定一屆議會最長期限為三年

1695年　《許可證法案》失效

1697年　奧格斯堡同盟軍與法國之間達成《里斯維克和平條約》；《王室費法案》提議劃撥資金維持王室生活

1701年　西班牙王位繼承戰開始；《王位繼承法》決定由漢諾威選帝侯夫人索菲婭的後代繼承王位

1702年　威廉三世去世；安妮繼承王位

1704年　布倫海姆戰役：英國、荷蘭、德國和奧地利軍隊擊敗法國和巴伐利亞軍隊；英國從西班牙手中奪取直布羅陀

1707年　英格蘭和蘇格蘭成立聯合王國

1710年　彈劾薩謝弗雷爾；羅伯特・哈利內閣

1713年　締結《烏得勒支和約》，就此結束西班牙王位繼承戰

1714年　安妮去世；喬治一世即位

1715年　企圖推翻漢諾威王朝繼承王位的詹姆士二世黨人叛亂失敗

1716年　《七年法案》規定一屆議會最長期限為七年

1717年　輝格黨分裂；停止召集議會會議

1720年　南海泡沫事件：許多投資者在對南海公司股票進行投機買賣後破產

1　《寬容法》也有人翻譯為《信仰自由法案》，它給予除天主教和一神教之外的所有不信仰英國國教的新教徒以信仰自由。

1721年	羅伯特‧沃波爾內閣
1722年	阿特伯里(Atterbury)陰謀，知名的詹姆士二世黨人陰謀
1726年	喬納森‧斯威夫特的《格利佛遊記》出版
1727年	喬治一世去世；喬治二世即位
1729年	亞歷山大‧蒲柏的《群愚史詩》出版
1730年	沃波爾／湯森分裂
1733年	消費稅危機：沃波爾不得不放棄他改革關稅和消費稅的計劃
1737年	卡羅琳王后去世
1738年	約翰‧衛斯理經歷了「信仰皈依」[2]
1739年	與西班牙之間爆發「詹金斯的耳朵」戰爭[3]
1740年	奧地利王位繼承戰
1741年	塞繆爾‧理查遜的《帕美勒》出版
1742年	沃波爾倒臺
1743年	亨利‧佩勒姆內閣
1745年	詹姆士二世黨人叛亂
1746年	卡倫頓戰役：坎伯蘭公爵打垮詹姆士二世黨人的軍隊
1748年	《亞琛(Aix-la-Chapelle)和約》結束奧地利王位繼承戰
1752年	採用公曆
1753年	《猶太人歸化入籍法案》
1754年	紐卡斯爾內閣
1756年	七年戰爭：英國與普魯士的腓特烈大帝聯手對抗法國、奧地利和俄國
1757年	威廉‧皮特和紐卡斯爾內閣；普拉西戰役獲勝
1759年	從法國手中奪取魁北克
1760年	喬治二世去世；喬治三世即位
1761年	勞倫斯‧斯特恩的《商第傳》出版
1762年	比特內閣
1763年	《巴黎和約》結束七年戰爭；喬治‧格倫維爾內閣；約翰‧威爾克斯和「通用拘票」

2　這一年的5月24日在倫敦的一個小型宗教集會上當衛斯理聆聽牧師誦讀路德為《羅馬書》寫的序言時，他忽然經歷了虔誠信仰耶穌所帶來的被拯救的感覺。

3　「詹金斯的耳朵」是戰爭爆發的藉口，或稱導火索。

1765年　羅金厄姆內閣；美洲印花稅風波

1766年　查塔姆內閣

1768年　格拉夫頓內閣；米德爾塞克斯選舉危機

1769年　詹姆斯·瓦特發明的蒸汽機獲得專利

1770年　諾思伯爵的內閣；埃德蒙·伯克的《關於當前不滿的原因之思考》出版；福克蘭群島危機

1773年　波士頓傾茶事件

1774年　通過《強制法案》以反擊波士頓傾茶事件

1776年　《美國獨立宣言》；愛德華·吉本的《羅馬帝國衰亡史》和亞當·斯密的《國富論》出版

1779年　克里斯托弗·維威爾的會社運動

1780年　戈登暴亂反對《天主教徒解救法案》

1781年　美國在約克鎮戰役中獲勝

1782年　第二屆羅金厄姆內閣

1783年　謝爾本內閣；《凡爾賽和約》承認北美殖民地獨立；福克斯－諾思聯盟；小皮特內閣

1784年　《東印度公司法案》

1785年　皮特關於議會改革的動議受挫

1786年　與法國簽署《伊甸條約》

1788年　攝政危機

1789年　法國大革命

歷任首相名錄1721-1789年

Robert Walpole	羅伯特 · 沃波爾	1721年4月
Earl of Wilmington	威爾明頓伯爵	1741年2月
Henry Pelham	亨利 · 佩勒姆	1743年8月
Duke of Newcastle	紐卡斯爾公爵	1754年3月
Duke of Devonshire	德文郡公爵	1756年11月
Duke of Newcastle	紐卡斯爾公爵	1757年7月
Earl of Bute	比特伯爵	1762年5月
George Grenville	喬治 · 格倫維爾	1763年4月
Marquess of Rockingham	羅金厄姆侯爵	1765年7月
Earl of Chatham	查塔姆伯爵	1766年7月
Duke of Grafton	格拉夫頓公爵	1768年10月
Lord North	諾思伯爵	1770年1月
Marquess of Rockingham	羅金厄姆侯爵	1782年3月
Earl of Shelburne	謝爾本伯爵	1782年7月
Duke of Portland	波特蘭公爵	1783年4月
William Pitt	威廉 · 皮特	1783年12月

譯後記

由於這本歷史是特別短小型的，因此它重在表述作者的觀點，並試圖糾正人們通常對這段歷史的看法，而不在於介紹史實。結果是對很多重要的歷史事件和人物都一帶而過，或跳過許多細節，或前後重複提及。這樣就可能造成對18世紀歷史不夠熟悉的讀者閱讀時的困難。為此，譯者加了一些注釋。另外，原作者常使用短小的、類似標題或結論的句子，沒有較縝密的上下文聯繫，而且常常缺少中文句式習慣的主語。為此，譯者在遵從原文的大原則下有時添加了主語(如英國)、連接詞、轉意詞等。比如第六章的「美洲戰爭」一節的第一句話「美洲沒有從印度發財回來的人」(America had no nabobs ...)本身意思很不清楚，不能死翻。它實際是承接着上面一節談東印度公司帶給英國的問題後的轉折語句。所以我們就翻譯成「美洲方面沒有出現發財歸來的人這類問題」，但這類靈活翻譯的例子是很少數的。

考慮到這是譯著，所以書中提到的歷史人物我們沒有用括號在人名後面給出英文，而是大多都用作注的辦法給出了英文全名、生卒年代和簡單的事蹟介紹，為的是便於有興趣的讀者進一步去查找。但是在

插圖中出現的人名，除了凡·戴克外，就不作註了。

關於人名和地名譯法，我們盡量做到有根據，如來自英漢詞典、網上資料，或其他文學和歷史著作。有個別的譯名處理帶有較濃的譯者個人喜好色彩，比如英國國王James，我們一律譯成「詹姆士」，而其他的所有叫這個名字的人都譯成「詹姆斯」，就好像Charles I和Charles II大家都接受「查理」的譯法，而指普通人的話就譯成「查爾斯」了。

最後，譯者在翻譯過程中諮詢過錢佼汝和韓加明兩位教授，特此向他們致謝。

2008年春於北京